杰出孩子要养成的人性优点

路畅 编著

国家一级出版社 中国纺织出版社 全国百佳图书出版单位

内 容 简 介

常言道：三岁看大，七岁看老。尽管孩子还小，但是，童年的生活和性格品质的养成，会对孩子的一生都起到至关重要的影响作用。因而，不管是父母教养年幼的孩子，还是孩子随着不断地成长已经拥有强烈的自我意识、对于自己的成长和发展也有了一定的见解，都应该以培养孩子优秀的品质作为首要的任务。

本书从儿童心理学的角度出发，认真分析了不同年龄阶段的孩子在成长和发展的过程中会面临怎样的困惑，以期卓有成效地孩子们端正心态，悦纳自己，接受人生的坎坷泥泞，从而给予孩子更大的成长空间。所谓十年树木，百年树人，孩子们唯有立根扎实，才能真正成长为从参天大树，给予人生无限的成功可能性。

图书在版编目（CIP）数据

杰出孩子要养成的人性优点／路畅编著．—北京：中国纺织出版社，2019.5

ISBN 978-7-5180-6049-8

Ⅰ.①杰…　Ⅱ.①路…　Ⅲ.①青少年教育—家庭教育　Ⅳ.①G782

中国版本图书馆CIP数据核字（2019）第055747号

责任编辑：闫　星　　特约编辑：李　杨　　责任印制：储志伟

中国纺织出版社出版发行

地址：北京市朝阳区百子湾东里A407号楼　邮政编码：100124

销售电话：010-67004422　传真：010-87155801

http：//www.c-textilep.com

E-mail：faxing@c-textilep.com

中国纺织出版社天猫旗舰店

官方微博http：//weibo.com/2119887771

天津千鹤文化传播有限公司印刷　各地新华书店经销

2019年5月第1版第1次印刷

开本：710×1000　1/16　印张：13

字数：148千字　定价：39.80元

前言

常言道，江山易改，禀性难移。对于每个人而言，一旦性格定型，再想改变就很难了。孩子正处于身心快速发展的阶段，也处于性格养成的关键时期，因而在成长的过程中，应该有意识地培养自己的好性格，让自己具备人性的优点，从而为人生奠定坚实的基础，也让人生拥有更加充实美好的未来。

通常情况下，人们认为人性优点就是好性格、好脾气，实际上，只以性格和脾气来概括人性，显然是片面的，也是单薄的。退一步而言，即使是性格，也涵盖很多方面的细节，也关系到人生的方方面面。孩子要想拥有好性格，拥有出类拔萃的人生，就要让自己全方面发展，也要让自己在生命的历程中不断地接受历练，才能渐渐地从稚嫩走向成熟，从单薄走向厚重，从肤浅走向深刻。

细心的孩子们会发现，古今中外，大多数有所成就的人，也许没有特殊的天赋，没有超常的能力，但是一定会有独特的人格魅力。那么，魅力是从哪里得来的呢？魅力正来自于闪耀着光辉的人生优点，也来自于与众不同的性格特点。在这个世界上，每个人都是独一无二的生命个体，都是不可替代的。人的独特性，决定了每个人的人生也是截然不同的，在独属于自己的命运之中，只有能够真正悦纳自己的人，才能获得更好的生存，才能在生命的道路上砥砺前行，勇往直前。

从心理学的角度而言，是否拥有健康的心理、高贵的品质、良好的心态，对于人生也会起到至关重要的影响作用。归根结底，每个人之所以努力地生存，提升和完善自己，就是希望自己在生命的道路上有更大的进步，更好的发展。既然如此，每个人都要不忘初心，也要始终牢记自己对于生命的目标，这样才能以更积极向上的态度面对人生。

不可否认的是，孩子的成长是漫长的过程，而且在此期间，几乎所有孩子都会遇到各种各样的困惑。例如，面对各种诱惑，孩子们是否能够坚持初心，面对越来越深重的欲望，孩子们能否始终把握好自己，从而真正成为命运的主宰、人生的掌舵手。

孩子正处于身心发展的阶段，他们的力量是有限的。当觉得自身力量不足的时候，孩子们可以向父母求助，从而让自己的力量增强；当觉得自己有能力处理好一些问题的时候，孩子们也要坚定不移地相信自己的判断，坚持自己的选择，从而实现人生的理想和目标，也让人生收获圆满。

然而，金无足赤，人无完人，没有任何人是绝对完美、毫无瑕疵的，孩子也是如此。而且在成长的过程中，孩子们更是容易遇到各种困境，遭遇各种磨难，甚至情不自禁地怀疑自己。在这种情况下，孩子除了要求助于父母或者身边的人之外，更重要的是要拥有发自内心的力量。常言道，十年树木，百年树人，这告诉我们孩子要想成为真正的栋梁之才，需要漫长的时间。如今，人们也常说活到老，学到老，更告诉我们必须坚持学习，不断进步，才能把人生之路走得更好。

常言道：三岁看大，七岁看老。这是因为孩子童年时期所接受的教育、所经历的家庭环境和成长经历，将会对于孩子的一生都起到至关重要的影响作用。因而父母要重视对孩子的培养和教育，孩子更要在成长过程中坚持自我反思，坚持努力进步，最终才能成就最完美的自己，也成为对于社会有价值、有意义的人。

编者著

2018年11月

目录

第01章

坚强自信：成长的路上让自信伴你成长

曾经有心理学家经过研究证实，孩子的性格在青春期结束之前就已经基本成型。正因为如此，人们才会说江山易改，禀性难移，这是因为对于孩子而言，在儿童时期形成的性格将会伴随孩子的一生。由此可见，父母一定要重视对孩子性格的培养，让孩子变得更加坚强自信，这样孩子才能更加快乐地成长，才能在人生道路上创造属于自己的成就。

肯定自己，孩子才能快乐成长

自卑是人生发展的绊脚石，一个人只有自信，才能够在人生的道路上勇往直前，即使遇到小小的坎坷和挫折，也能够最大限度打开心扉，激发自己的能量，依然真诚勇敢地拥抱这个世界。对于孩子而言，如果在成长的过程中缺乏自信，那么他们很容易因为各种各样的原因被禁锢住，也导致人生止步不前。每一个孩子在面对人生的时候，都应该扬起自信的风帆，这样才能让人生扬帆起航，否则当自卑挡住人生前进的脚步，人生就会止步不前。对于孩子的成长而言，自卑也是极其不利的。

在这个世界上，每个人最大的敌人就是自己。的确，每个人的思想高度限制了自身的发展，所以人们才会说思想有多远，人生就能走多远；心有多么开阔，人生就会有多么高远。科学家曾经进行过一个实验，即把跳蚤放在玻璃瓶中。一开始，跳蚤能够跳得非常高，轻而易举就跳出了玻璃瓶。但是后来科学家在瓶口上加了一块玻璃的盖板，结果跳蚤每次跳起来都会撞击到玻璃盖板上。在接连撞了几次玻璃盖板之后，跳蚤调整了跳跃的高度。从此之后，它们只能跳到玻璃瓶口的位置，即使科学家拿掉玻璃盖板，跳蚤也无法顺利地跳出玻璃瓶口。这就是自我限制的可怕性。曾经有心理学家来到一所学校进行实验，他们随机抽取了20名学生，然后对这20名学生进行了简单的测试。实际上，这个测试是没有任何意义的，但是心理学家对全校师生公布这20名学生是他们精挑细选出来的，是独具天赋的，人生也一定会有所成就。在此之后，全校师生都非常关注这20名学生，这20名学生也变得非常自信。在跟踪调查过程中，心理学家发现这20名学生的学习成绩和各个方面的表现都有了很大的提升，尤其是他们对于自我的认知和评价也变得更高。在这种情况下，这20名学生长大成人之后成为了对社会有贡献的人。不得不说，这就是积极暗示的强大力量，也是自信给人生带来的如同奇迹般的改变。

在成长的道路上，每一个孩子都要积极地鼓励自己，认可自己。常言道金无足赤，人无完人。没有任何孩子是生而就非常优秀的，每个人都是被上帝咬过一口的苹果，却不能因此而妄自菲薄，自轻自贱。所谓瑕不掩瑜，即使孩子有小小的缺点和不足，也不能掩盖孩子的优点和长处。唯有客观公正地认识自己，孩子们才能扬起信心的风帆。在成长的道路上，每个人都会遇到各种各样的难题。如果总是怀着自卑的心，那么小小的困难就能把孩子击倒。只有真正树立起自信心，孩子才能在一切的坎坷和挫折面前依然勇往直前，继续进步。

孩子的自卑表现在很多方面。在日常生活中，每一个孩子都应该有意识地反思自己的行为，找出自卑的苗头，一旦发现自己有自卑的倾向，就积极努力地改变自己，这样才能够防止自卑给生活和学习带来负面的影响。例如，有些孩子性格内向，总是郁郁寡欢，在遇到陌生人的时候害羞得连话都说不出来；还有些孩子不喜欢结交朋友，总是离群索居，这是在人际交往方面的自卑。此外，还有很多孩子之所以自卑，是因为对于自身的能力评价过低。他们一味地想要得到父母的表扬和老师的认可，自觉能力有限，也缺乏信心。非常自卑的时候，他们还会在心理上陷入很多困境和误区，例如，有些孩子会陷入对他人的嫉妒和羡慕之中，当这种嫉妒超过一定的限度，就会导致孩子心理扭曲。有些孩子因为极度自卑，非但没有努力，反而自暴自弃。除此之外，自卑在孩子身上的表现还有很多，例如，孩子过于自闭或者说起话来结结巴巴，或者一遇到小小的挫折就放弃。综上所述，自卑对孩子的成长是没有任何好处的，父母一定要引导孩子们发现自己的优点和长处，而不要总是盯着自己的缺点和短处。这样一来，孩子才能客观公正地评价自己，也创造属于自己的美好未来。

自信，是孩子成长的动力

从本质上而言，自卑是一种性格。具有自卑心理的孩子往往性格内向，他们不愿意与外人更多地交往，这是他们在性格方面的缺陷。与此同时，他们也缺乏坚韧不拔的毅力，在遇到小小的困难时，就会因为对自己信心不足而动摇，甚至直接放弃，这恰恰是他们意志力薄弱的表现。自卑的孩子还总是委曲求全，忍辱负重，即使遭到别人的误解或者是被别人无端地刁难责备，也不会为自己辩解，而始终习惯于默默地忍受，甚至毫无限度地妥协。不得不说，所有的自卑者都有一个特点，那就是他们习惯于轻视自己，觉得自己不管做什么都不可能成功，任何方面都比不上别人。当内心被这种情绪侵占时，他们还会对一切都表现出兴致索然的样子，并且因此而陷入无休无止的焦虑和烦恼之中，导致自己根本无法感受到生活的幸福和乐趣。

当孩子陷入自卑之中时，他们在学习方面就会陷入困境，因为他们总是觉得自己的学习能力不够强，没有学习的天赋，为此他们在与同学的竞争之中往往会心甘情愿地居于劣势。众所周知，人的本质是趋利避害。为了躲避失败或者挫折，他们甚至会彻底放弃努力，直接自暴自弃。不得不说，这样的孩子很难取得进步。正如人们常说的，心态决定命运，其实这句话非常有道理。如果孩子在遇到小小的困难时马上就自我放弃，甚至忍不住怨天尤人，那么他们最终会在生活的磨难下变得信心全无。尤其是在现代社会，不管是成人还是孩子，其实都面临着巨大的压力和激烈的生存竞争。在这种情况下，孩子固然无须赢在起跑线上，但是拥有自信，让自己的成长腾飞还是很有必要的。

每个人都有或多或少的自卑心理。在人生的不同时期，人们会产生相应的自卑心理。所谓金无足赤，人无完人，在这个世界上没有人是绝对完美的。当一个人陷入过度追求完美的心态中，就更容易否定自己，由此产生自卑情绪。每个人感到自卑的原因都不一样，有的人是因为别人对自己的评价不够好；有的人是因为为自己制订了太高的目标，导致永远也实现不了既定的目标；还有的人是因为对他人的成功太过敏感，并没有因为羡慕他人而充满力量，而是因为他人的遥遥领先使自己更加丧失信心；还有些孩子的自卑来自于父母，一则是因为父母对他们的评价不够中肯，二则是因为家庭环境的影响。众所周知，孩子从一出生就依靠父母生存，家庭就是他们的整个世界。如果父母之间关系不和，或者是家庭气氛很糟糕，那么孩子就有可能为此而感到自卑。有些父亲非常喜欢喝酒，甚至严重到酗酒的程度，长此以往也会导致孩子精神紧张，非常自卑。在这种情况下，孩子必须端正态度，意识到家庭环境并不是自己所能决定的，出生在什么样的家庭是命运的安排。家是家，自己是自己，只要孩子自己积极努力，奋发向上，依然能得到他人的认可和尊重。

自卑的孩子往往非常敏感而又多疑，他们一旦看到别人正在窃窃私语或者莫名其妙地笑起来，就会马上联系到自己身上，觉得他人一定是在议论自己。实际上，这是自卑者的误解。从这个角度而言，自卑的孩子往往也有一定的心理缺陷。既然这样，每个孩子就要有意识地减弱自卑心理，从而让自己变得更加自信。

童年生活对于孩子的一生都会有至关重要的影响，因而父母对孩子的成长一定要给予足够的关心，用爱与自由为孩子营造健康的成长环境。人生固然是漫长的，但是有的时候又如同白驹过隙般短暂。既然孩子的一生往往决定在童年时期的几个关键阶段，那么父母就要为孩子的童年生活负责。很多心理学家都发现，有一些有严重扭曲心理的人，实际上他们心病的根源就在于童年时期的生活。所以父母不要轻易给孩子贴上标签，更不要总是批评和否定孩子，而要毫不吝啬地给孩子肯定和赞美，这样孩子才能够在生活中拥有自信心，才能在学习上更加充满激情和动力。

孩子一旦发现自己有自卑的倾向，就应该有意识地改变自卑心态。例如，在看待问题的时候，不要总是盯着问题负面消极的一面看，而要看到问题积极进取的一面，这样才能够客观全面地分析事物，也通过事情的现象深刻认识到事情的本质，从而对自己的成长作出有利的选择和决定。一个人长期沉浸在自卑的情绪中，就会一直萎靡不振，也会悲观厌世。对于孩子而言，人生才刚刚起步，不管遭遇多少坎坷和挫折，这都是人生的小小磨难，根本不足为惧，哪怕是学习成绩没有别人好，也并不意味着没有优点。我们既要学会发现别人的优点，也要学会看到自己的优点，这样才能够更加客观中肯地评价自己，才能够远离自卑情绪，让人生变得更加积极、充实。

昂首挺胸，用身姿展示自信

小鹏是一个很自卑的孩子，不管走到哪里，他总是佝偻着背，不知道自己应该如何才能昂首挺胸地站立。为此，妈妈不止一次提醒小鹏站立的时候要站如松，小鹏却总是蔫头耷脑，恨不得所有人都没有看见他。与此同时，妈妈也发现了小鹏在心理方面的弱点，那就是小鹏特别自卑，就算是和班级同学一起排队参加演出的时候，他也总是缩在最后的角落里。思来想去，妈妈决定给小鹏讲一讲撒切尔夫人的故事。

撒切尔夫人之所以能够成为英国的第一位女首相，是因为她从小就有竞争意识，希望自己能够在所有人之中出类拔萃。撒切尔夫人为何会有这样的想法呢？是因为爸爸在撒切尔夫人小时候就告诉她，不管任何时候都要坐前排。哪怕是坐在公交车上，只要前排没有人坐，就要坐在前排。一开始，撒切尔夫人不明白爸爸的意思，后来才知道坐在前排意味着不甘于认输和勇于表现自己的精神。为此，她一直牢记爸爸的教诲，不管做什么事情都争取坐在前排，不管做什么事情都要做到出类拔萃。在整个上学期间，撒切尔夫人的成绩在班级里始终名列前茅，她不像大多数只知道学习的书呆子那样沉浸于书本，而是积极地参加社区、学校里的活动，这样一来，她成为学校里尽人皆知的明星人物，而且具有很强的影响力和号召力。正是因为这种努力拼搏、绝不畏缩的精神，撒切尔夫人最终赢得了英国首相的职务，也成功地把自己的名字写入了世界的史册之中。

尽管自信不是伪装出来的，但是很多时候，昂扬挺拔的姿态的确能够展现一个人的自信。在这个事例中，始终坐在前排就是撒切尔夫人的姿态，她不管做什么事情，也不管在什么时间和场合，总是坐在第一排。这意味着她对自己充满了自信，也意味着她有足够的勇气面对和迎接即将发生的一切。正是在这样让自己没有退路的情况下，撒切尔夫人才能勇往直前，才能够在自己的政治生涯中做出精彩辉煌的成就。作为普通人，我们当然不会有撒切尔夫人那么多的机会，也未必能够在世界舞台上展示自己，即便如此，我们也依然要昂首挺胸，这样才能够在人生中创造更多的辉煌和奇迹。

自信是每个人通往成功的必经之路。一个人如果没有自信作为基础，那么他哪怕能力再强，也不可能如愿以偿地获得成功。自信还是让事业扬帆起航的动力，唯有拥有自信的人，才能在事业上有所成就，才能拥有与众不同的人生。一个人只有真正相信自己的能力，只有在事业上努力拼搏，绝不畏缩，才能最终成为成功者。就像伟大的拿破仑所说，一个人如果承认自己是无能的，那么他就注定只能与失败为伍，所以孩子们不管在什么时候，都请昂首挺胸，昂然面对人生中一切的坎坷和磨难，或者是幸福和收获。我们必须记住，只有树立自信，才能真正地战胜自卑，才能在人生的路上勇往直前，无所畏惧。

坚持自我，绝不依赖他人

现在社会大多数家庭都只有一个孩子，这种独特的“4+2+1”家庭结构也决定了祖辈和父母所有的爱都倾注在一个孩子身上。所以现在的孩子是真正地集合万千宠爱于一身，在家中的地位就像是天之骄子一样。在这种情况下，他们从一出生就被父母和长辈无微不至地照顾，习惯了生活的顺遂如意，因而承受打击的能力很差，甚至独立生活的能力都没有。然而，无论父母如何疼爱孩子，都不可能伴随孩子走过一生。随着渐渐长大，孩子终究要独自面对这个世界，一个人面对人生的风风雨雨和坎坷挫折。明智的父母会把握好对孩子的爱，而不是一味地溺爱孩子。从本质上而言，父母对孩子的溺爱实际上是对孩子的害，真正爱孩子的父母知道，孩子终究要走出家庭，要羽翼丰满地去面对属于自己的人生，因而他们会有意识地锻炼孩子独立自主的能力，也会保持孩子独特的个性。一个被父母宠爱大的孩子，独立生活的能力是很差的。只有习惯于坚持自我、有主见、有独立性的孩子，才能在社会中更好地生存。在这种情况下，父母当然要以更理智的方式爱孩子，这样才能帮助孩子健康成长。

从本质上而言，当孩子特别依赖别人的时候，就意味着他们对于自己的一切事情都不能独立自主，这样一来，他们必然无法形成独立的人格。在依赖心理的驱使下，他们还会缺乏自信，不管做什么事情都不愿意独立思考，而是希望从他人那里得到参考和建议。在现实生活中，这样的孩子总是缺乏主见，他们不愿意主宰自己，而总是愿意听从他人的意见，不假思索地采纳他人或者对或者错的建议，不知不觉中就形成依附心理。这样长大之后，孩子会变得优柔寡断。那么，当父母渐渐老去，没有人再为他们遮风挡雨，没有人在遇到任何事情的时候都为他们提供中肯的参考意见时，他们又该如何选择和决策呢？

在前段时间播放的江苏卫视《非诚勿扰》栏目上，有一个男青年属于慢热型，他在寻找人生伴侣的时候，希望找到一个快热型的女朋友。实际上，这就是对于自己性格的弥补。而对于孩子来说，当发现自己的依赖性特别强，缺乏独立主见时，就总是情不自禁地想要和那些特别有主见的孩子交朋友，希望这些孩子能为他们提供依靠。然而，不管是父母还是朋友，都无法陪伴孩子走过一辈子，也不可能任何事情都代替孩子作出决定和选择。所以对于孩子而言，最重要的在于增强自己的独立自主能力，而不要总是依赖他人。否则一旦失去可以依赖和信任的人，他们对于生活也就失去了主宰能力。依赖性强的孩子还会缺乏责任心，他们不能勇敢地承担属于自己的责任和义务，遇到小小的困难就会马上丢盔弃甲，逃之夭夭。实际上，这种品质对孩子的一生都会有负面的影响。

那么，如何才能避免孩子形成依赖性呢？实际上，这对于父母提出了更高的教养要求。很多父母误以为教养孩子就是给孩子吃喝拉撒，就是满足孩子的一切需求。其实，这样的父母只能算是勉强合格的父母。对于孩子而言，他们最需要满足的不仅是生理需求，还有心理健康发展的需求。细心的人会发现，很多父母在教育孩子的过程中总是采取全盘包办的政策，即不管孩子遇到什么问题，他们都能够帮助孩子处理好。这样一来，孩子就处于衣食无忧的生活环境中，自然很难有独立性的发展。当父母有意识地让孩子承担他应该承担的责任，渐渐地，孩子就会意识到他必须处理好自己的很多事情，才能够让人生顺利进展下去。当孩子不得不承受严重的后果，他们就会更加意识到果断抉择的重要性。这样一来，他们当然能够在人生之中有好的发展。

父母一定要多向孩子灌输独立自主的思想意识，很多父母因为孩子太过有主见，也会感到很懊恼，因为他们希望拥有一个非常听话和顺从的孩子，却不知道这种“乖巧”对于孩子的成长而言是非常糟糕的。大多数依赖性强的孩子都很自卑，也缺乏自信，他们在面对很多容易作出选择的事情时，也常常优柔寡断，无法作出选择，所以父母对孩子最好的爱，就是放手，只有在适当的时候放手，才能让孩子及时发展自身的能力，才能够让孩子成为独立自主的生命个体。

自强，才是真正的强大

初中毕业后，因为家境贫困，华罗庚退学回到家里，和父亲一起经营着家里的小生意。在忙着服务顾客的同时，华罗庚没有忘记要坚持自学。每天他都利用工作之外的时间点灯熬油地苦读，渐渐地，他的身体越来越吃不消，最终居然染上了严重的伤寒，导致危及生命。靠着顽强的生命力，华罗庚半年之后才战胜伤寒，但是他的左腿因此终身残疾了。

当时，华罗庚只有19岁，但是他没有被这个沉重的打击击垮，相反，他想起很古今中外很多伟大的人都是在饱经磨难之后才勇敢崛起，创造人生奇迹的。为此，他暗暗鼓励自己一定不能自暴自弃，而要用头脑弥补左腿的残疾，让自己成为有价值、有意义的人。就这样，罗庚勇敢地站起来，他拄着拐杖，白天继续和父亲一起打点家里的小生意，晚上则点着煤油灯自学到深夜，甚至是凌晨。1930年，华罗庚在科学杂志上发表了一篇论文，引起了清华大学数学系主任熊庆来教授的注意。熊庆来主任很爱惜有才华的青年，为此找机会把华罗庚招募到清华大学当助理员。到清华大学后，华罗庚的学习条件得到很大的改善，他白天工作，晚上学习，在浓厚的学术学习氛围中，他在学术方面很快就取得了突飞猛进的发展。

如果华罗庚因为小小的挫折就放弃努力，那么他就不可能有后来的成就。正是因为他在一切的打击和磨难面前始终坚持不懈，所以才能够最终站起来。他虽然身体残疾了，但是他的心灵无比强大，这样他就有足够的力量面对人生，也能在生命的历程中创造让人瞩目的伟大成就。

人生是漫长的，漫长得看不到终点；有人却认为人生如同白驹过隙，是非常短暂的，转眼即逝。归根结底，人生是一场没有归途的旅程，没有人知道人生的终点在哪里，也没有人能够买到人生的回程票。一个人要想度过充实的、无怨无悔的一生，就一定要抓住青春年华，这样才能够在有限的生命中创造自己的价值，证明自己存在的意义，从而给人生更好的交代。否则，如果总是怀着游戏人生的态度肆意挥霍宝贵的时间，那么这个人必将被整个社会所淘汰和厌弃，也导致人生碌碌无为，一无所成。

孩子一定要从小就培养自己成为人生主宰的意识，这样才能够驾驭人生，成为人生真正的主人，也有效地创造自己生存的价值。反之，孩子就只能被人生凌驾，成为人生的奴隶，导致自己在人生之中碌碌无为，终究无法做出任何有意义的事情。每个孩子都要拥有真正的自信，这样才能不断地强大起来。否则，当孩子陷入自卑的负面情绪，就会对自己的未来失去信心，人生目标变得模棱两可，也失去明确的方向。最终，这样的孩子会在人生之中彻底地迷失自己。

人生不如意十之八九，对于每个人而言，生活从来都不是一帆风顺的。尤其是对于孩子来说，他们正处于成长的关键时期，更容易遇到各种各样的坎坷和挫折。在这种情况下，不要因为人生多磨难，就对人生失去信心。要知道失败是成功之母，真正伟大的强者，能够踩着失败作为阶梯，不断地向上、前进。否则，如果总是一味地陷入失败的困境中，导致自己无法自拔，那么就会让整个人生沉沦下去。其实人生又何尝不像是攀登山峰呢，要想到达顶峰，就必须非常努力，踩着怪石嶙峋，也踩着绵延不断的阶梯，努力向上，在没有路的时候甚至要手脚并用，抓住荆棘往上攀爬。人生正是如此，也唯有如此，才能够真正地到达巅峰。在人生的长途跋涉中，每个孩子都要坚持不懈，不要被一时的软弱打倒，想想吧，就连蜗牛还背着沉重的壳不断地向上，更何况是勇敢坚强的孩子们呢？真正的强大是自立自强，是在遇到任何苦难和打击的时候，都决不放弃努力，是不到最后一刻绝不轻言失败。真正的强大，也是一种来自内心的力量，所以才能够支撑每一个生命足够坚强和坚持。

第02章

果断勇敢：和胆小懦弱说“再见”

没有人的人生是一帆风顺的，在或长或短的人生道路中，每个人都会遇到各种各样的困难和挫折，每个人都会经历形形色色的坎坷和磨难。要想沿着人生的道路勇往直前，要想取得成功，把失败远远地抛在身后，每个人都要鼓起足够的勇气面对人生，这样才能够在人生的道路上更加坚定不移，努力向前。

坚韧不拔，才能更接近成功

作为举世闻名的推销大师，他在推销生涯中的确做出了与众不同的成就，也用自己奇迹般的销售业绩赢得了“销售之神”的称号。转眼之间，他已经到了退休的年纪，为了给销售生涯画上一个圆满的句号，他特意选择在体育馆里进行职业生涯的告别演讲。为了从他这里得到推销的秘诀，很多人都闻讯赶来，只想一睹真容，也亲耳听到他的教诲。然而，当听众们满怀热情地早早到达体育馆里等着，当听众们用充满期待的眼神看着演讲台时，随着序幕的缓缓拉开，出现在演讲台上的并不是大家期盼的推销大师，而是一个沉重而又巨大的铁球。这只大铁球被一个非常坚固的架子支撑着，看起来非常稳固。悬空的铁球依然分量感十足，让人随时都在担心它会掉下来。正当人们对此感到莫名其妙的时候，他终于出现在台上。台下的听众全都热烈地鼓起掌来，热烈的掌声之后，会场马上恢复了安静，人人都想从他的演讲中得到销售的秘诀和真传。

然而他什么都没有说，只是从随身的口袋里拿出一个精巧的铁锤。然后，他问在场的人：“你们之中有谁能够用这个铁锤击打铁球，让铁球震荡起来呢？”听到这样匪夷所思的请求，台下的听众全都议论纷纷，因为他们亲眼看到铁球有多么沉重，根本不相信这个铁球居然会在这么精巧的小铁锤的击打之下震动起来。为此，有几个年轻人跃跃欲试，他们想要证明铁锤根本不能使铁球动起来。走上舞台之后，他们使出吃奶的力气，用铁锤敲击铁球，但是，铁球尽管悬空，却稳如泰山，根本没有丝毫晃动。年轻人不断努力，台下的观众们终于忍不住喊道：“铁球那么大，铁锤那么小，怎么可能用铁锤敲动铁球呢？这是根本不可能发生的事情。”销售大师不置可否，只是保持着微笑，小声地说：“我可以用这个铁锤敲动这个铁球。”说完，销售大师就开始拿起精致的铁锤，去敲击沉重的铁球。

台下的听众们按捺不住，开始议论纷纷，有的人甚至后悔自己不应该那么远赶过来听这场演讲，还说这是浪费时间。大师听见听众们躁动的声音，丝毫不为所动，继续不急不缓地敲击着铁球。正当有人站起来准备离开的时候，坐在前排的一位女士突然间惊讶地大声呼喊：“球动了，球动了！”准备离开的听众马上停止脚步，站在那里看着舞台上的铁球。他们惊讶地发现，舞台上的铁球真的缓缓动起来了。这时候，演讲大师才满意地把小铁锤收到自己的口袋里，微笑着看着摆动的铁球。他气定神闲地对听众们说：“我唯一想告诉大家的是，每个人只有拥有执着坚韧的精神，才能等到成功的到来。”就这样，销售大师结束了这一句话的演讲，但是在场的每一个人都得到了深刻的感悟和启发。

成功从来不是一蹴而就的，更不可能从天而降。每个人想获得成功，都要付出长久的坚持和持续的努力。成功需要具备的因素很多，必须要在各方面都达到一定的条件，才能真正获得成功。在这个故事中，销售大师坚持用精巧的铁锤敲击沉重的铁球，完成了所有人都认为不可能完成的任务。其实这就像获得成功的过程，即使所有人都觉得你不可能成功，只要你坚定不移地相信自己一定能够成功，并且努力去做，不因为任何人的想法和看法而改变自己，那么你的坚持最终一定会有所收获。还有人说简单的事情重复做，每一次都做到极致，这就是成功。的确如此。很多成功不是像人们所想的那样轰轰烈烈而来，而是在每一步看似不经意地向前中，最终来到人们的身边。所以孩子们一定要拥有坚强的意志力，绝不轻言放弃，这样才能够最终得到成功的青睐，才能够真正实现人生的伟大梦想。

敢想敢干，才能创造奇迹

今天很多人都知道台湾作家林清玄的大名，却很少有人知道林清玄在还不满六岁的时候就已经是一个敢于异想天开的孩子了。那个时候，林清玄的家还在农村。他的父母过着面朝黄土背朝天的农民生活，每天父亲去土地里干活的时候，林清玄都会跟父亲一起去。当父亲干活干累了，林清玄就陪着父亲在树底下休息。

有一天，正当林清玄和父亲一起在树底下乘凉休息的时候，突然有一架飞机从他们的头顶上空飞过。林清玄看着飞机居然出神了，直到父亲喊他，他才回过神来。父亲问他为什么要盯着飞机看，林清玄满怀希望地告诉父亲："我长大之后也要坐飞机飞到天上去，还要去特别远的地方。"林清玄的话音刚落，父亲就不置可否地笑起来。他说："你真是个不知天高地厚、爱幻想的小孩。这样的幻想是根本不可能实现的，你还是老老实实跟我种地吧！"

后来，在小学六年级开始学习地理课之后，林清玄知道世界上有个地方叫埃及，埃及还有金字塔呢！为此，他又告诉父亲："爸爸，长大之后，我一定要去埃及金字塔看一看。”父亲看到林清玄异想天开，不切实际，非常生气，还狠狠地责骂了林清玄一通。此后，林清玄不管有什么梦想，都会隐藏在心里，再也不和父亲倾诉，而他心中对于梦想的渴望，却没有一刻停止过。直到有一天，林清玄坐在埃及的金字塔下给父亲写了一封信，还随信附上了自己在金字塔下的照片。林清玄终于实现了在父亲看来不切实际的异想天开，而如果没有当初的这些异想天开，他就又怎么可能成就今日的自己呢？

面对父亲的打击，林清玄始终没有放弃梦想，更没有一刻停止过对于人生的期望和憧憬。一个人如果连想都不敢想，更不要说真正去做了。因而，只有敢想的孩子才敢干，只有敢干的孩子才有可能获得成功。孩子们，你们有自己的梦想和憧憬吗？你们可曾因为自己的异想天开而被父母指责呢？如果有，不要气馁，像林清玄一样把梦想始终牢记在心中，并且为了实现梦想而不懈努力吧。终有一天，你会为自己的异想天开而骄傲，终有一天，你也会为成就了自己而骄傲。

如今，很多年轻人都习惯于网购，也对改变了传统购物模式的马云感到非常敬佩。实际上，马云在创业之初并不为大家所看好，正是因为他坚持自己的想法，从不放弃，所以才能一往无前地在人生的道路上创造奇迹。如果当初马云放弃了最初的梦想，那么中国此刻的购物模式就不会这么便捷。若干年前，谁敢想象自己足不出户，只需要动一动鼠标，就能彻底地改变世界呢？马云曾说，是懒惰的人改变了这个世界。这是因为懒惰的人更喜欢异想天开，为了让自己生活得更加舒适惬意，他们总是想出各种奇妙的主意，改变生活，为生活增加便利。当然，我们要做到不懒惰，同样也充满创意。生活是需要改变的，生活离不开创造力，甚至整个国家和民族的进步都是通过创造力才能不断地推进。在这种情况下，我们当然要勇往直前，才能最大限度激发出自身的潜能，才能为社会和时代的进步贡献属于自己的一份力量。孩子们，不要惧怕想象，因为终有一日你的想象会变成现实。

敢于冒险，成功不请自来

1859年，美国的一家石油公司因为经营状况不好，即将破产倒闭。很多业内人士闻讯赶来，想要收购这家公司。这家公司的股权底价是五百美元，当时洛克菲勒和他的合伙人也来到了这家公司，想要趁机扩张经营的规模，让公司更加壮大起来。拍卖现场，竞争的激烈程度超出他们的预估。由于参与竞拍的人很多，很快，拍卖价格就从500美元上升到了5万美元，这可是足足翻了一百倍之多，这个价格甚至已经比石油公司的价值高出很多。在这种情况下，如果继续出高价，就算赢得竞争，在后期的经营中也会承受巨大的经济压力，冒着很大的风险。为此，很多人见势不妙，都撤出了拍卖。

此时此刻，洛克菲乐也感到心中忐忑，他想要放弃，却又不能下定决心。思来想去，他最终下定决心一定要赢得拍卖，而且告诉自己必须勇往直前，不能退缩。在巨大勇气的支撑下，洛克菲洛最终以7.25万美元的价格，赢得了这家石油公司。很多人听到洛克菲勒的这种行为，都觉得洛克菲勒一定是疯了，所以才会花这么多钱购买这样一家濒临破产的公司。然而，事实上，洛克菲勒正是因为收购了这家公司，后来，才能够成为石油行业的龙头老大，也让自己的事业攀升到巅峰。对此，洛克菲勒说拍卖就像赌博一样，也许需要你押上全部的身家，但是最终你会赢得整个人生。

洛克菲勒不但自己富有勇气，在对孩子展开教育的时候，也总是鼓励孩子们要敢于冒险，勇敢无畏。洛克菲勒的儿子约翰在年轻的时候特别热衷于炒股，而且向洛克菲勒借钱作为投资股市的资本。约翰拿着从爸爸那里借来的钱在股市上闯荡，因为担心自己会输掉本金，所以总是提心吊胆。当知道约翰的顾虑之后，洛克菲勒鼓励约翰借钱并不是一件糟糕的事情，很多大富翁都是通过借钱才赚取了人生的第一桶金。在父亲的鼓励下，约翰再也不忐忑，而是在股市里勇敢地前行，在事业上也大刀阔斧地前进，最终有所成就。

人生就是一个不断冒险的过程，没有人生而就拥有家财万贯，也没有人生而就不需要付出任何努力。在不断冒险和前进的过程中，我们付出了很多，也赢得了很多，也许有失败，但是失败同样能够带来人生的经验。从本质上而言，人生就像是一场赌博，只有敢于下注，敢于赌上自己所有的身家性命，才能赢得更多。一个人如果没有勇气付出自己的全部去作为赌注，那么他即使赢了，也只能赢得空头支票，不可能获得实质性的成功。对于每个人而言，生命都是神奇的。要想在生命中有所成就，就一定要敢于冒险。实际上，人生之中风险无处不在，有人觉得坐飞机是非常危险的事情，因为脚不沾地只悬浮于天空之中。而实际上，不管是乘坐火车还是汽车，同样具有一定的危险性，如果因为一些事情非常危险就故步自封，再也不敢去尝试，那么在这种情况下又如何能够突破自我，激发自己所有的潜能和力量呢？

对于每个孩子而言，学会自我保护，稳妥地做事情固然是应该达到的目的，但是在人生的很多情况下，冒险也是必不可少的。也许冒险不能为我们赢得梦寐以求的结果，但是不管在什么事情之中，不管在什么时刻之下，人们都会选择用冒险来突破自我，从而打破现在所处的困境，让人生有更好的发展。不得不说，在人生之中有机遇的地方就存在着一定的风险，正如很多精通经商之道的人常说的，高收益必然伴随着高风险，所以在危机面前，我们一定要权衡利弊，要知道付出和收获之间的关系。记住，这个世界上没有稳赚不赔的买卖，尽管冒险了未必能够获得成功，但是如果不冒险也许就会彻底与成功失之交臂，所以我们既要稳妥地把握人生，也要拥有冒险的勇气，这样才能更加接近成功。退一步而言，冒险也许不会让你失去所有，却有可能让你赢得整个世界。从这种意义上而言，人生的价值也正体现在冒险上，也只有敢于冒险的人才能够在成功的道路上越走越远。

细心的孩子会发现，古往今来很多伟大的人之所以有所成就，就是因为他们拥有敢于冒险的精神。在冒险的过程中，他们不断地突破自我，创造出伟大的成就，所以才能够获得人生的一次次惊喜，才能够在奔向成功的过程中实现自身的价值。由此可见，一个人要想变得卓尔不凡，要想拥有独特的成就，就一定要消除自己身上的胆小怯懦，才能够踏上冒险的征程。很多男孩尤其喜欢冒险，因为他们富有探索精神，也非常勇敢，相比之下女孩的冒险精神则相对较弱，对此，女孩儿也要有意识地调整自己的心态，认识到人生的本质是冒险，这样才能够在机会到来的时候，坚定不移地抓住机会，哪怕承担一定的风险，也能够收获更加充实美好的人生。

勇往直前，人生才能一马平川

很多人都喜欢看好莱坞的影片，那么对硬汉史泰龙一定印象深刻。

史泰龙之所以能够成为著名的好莱坞巨星，并不是因为有独特的天赋，也不是因为有强势的家庭背景，相反，史泰龙出生在一个糟糕的家庭中，他的父亲是个酒鬼，每次喝醉酒就会打骂母亲，而他的母亲因为长期受到父亲的虐待，也染上了嗜酒的恶习。在喝酒之后，母亲就会把史泰龙当成她的情绪发泄口。在这样恶劣的家庭环境之中长大的史泰龙从没有自暴自弃，而是从小就立下伟大的志向，要让靠自己的力量彻底摆脱这样的生活。

高中毕业之后，因为家境贫困，史泰龙没有选择继续读书，而是离开学校，在社会上混生活。渐渐地，他意识到这样混生活，并不足以支撑起整个人生。为此他在经过认真慎重的思考之后，决定要摆脱父母的生活轨迹，成为一个有意义和有价值的人。但是家庭情况的限制、父母的拖累和自身的条件，让史泰龙觉得前途渺茫。他既没有很高的文凭可以让他进入一家优秀的企业工作，也没有可靠的家庭背景可以帮助他走上从政的道路。思来想去，史泰龙觉得自己唯一可走的道路就是从事演艺事业，因此他下定决心要成为一名演员。打定主意之后，史泰龙开始向着好莱坞进军。然而，史泰龙进入演艺圈之后，才发现事情远远不像他所想的那么简单。他付出了很多的努力，也进行了各种各样的尝试，都无法打动导演给他一个角色。后来，史泰龙意识到自己要想改变命运，就只能再想出其他的办法。他想到如果自己写的剧本能够被采用，那么就可以以此为条件要求做主演。正是抱着这样的思想，史泰龙开始写作剧本。剧本完成之后，他带着剧本拜访了好莱坞的每一位导演。当时好莱坞大概有几百位导演，他把每一位导演都拜访了一遍之后，并没有得到想要的结果，为此他又开始第二轮拜访。

最终，当他进行到第三轮拜访的时候，有一位导演才同意让他试演一集剧本。出乎所有人的预料，史泰龙的表演征服了很多观众，也让收视率节节攀升。从此之后，史泰龙的人生有了翻天覆地的改变，他因为这部剧一鸣惊人，从此之后成为大名鼎鼎的明星。正是因为有锲而不舍的精神，如今的好莱坞才有了史泰龙这样的硬汉。在了解了史泰龙的成长经历之后，我们也要从他的身上汲取勇气和力量。

任何人，都不可能是一蹴而就获得成功的。对于没有天赋，也没有家庭背景的史泰龙而言，从小就在父母长期酗酒和恶劣的家庭氛围中成长，但是他始终坚强，也能够心怀梦想，这本身就是非常难得的。面对导演一千多次的拒绝，假如史泰龙当初没有鼓起勇气，继续坚持下去，而是轻易放弃，那么他就会因此而彻底沉沦。可想而知，等待着他的必将是人生的完全失败。

对于有决心、有毅力的强者而言，人生没有失败，只有暂时停止成功。一个人要想从暂时停止成功的困境中挣脱出来，就一定要努力地踩过泥泞，勇往直前。尤其是在对抗挫折与失败的时候，更要激发出自身的力量，才能创造奇迹。正如大名鼎鼎的作家巴尔扎克曾经说过的那样，每个人都应该以苦难作为人生的老师，只有接受苦难才是勇敢者的所为。巴尔扎克告诉人们，对于每一段人生而言，苦难都是人生的必修课，也是命运赐予每个人的最珍贵的礼物。一个人要想拥有顽强的意志力，就要经受苦难的折磨。一个人要想变得更加勇敢无畏，就要在苦难中蜕变，凤凰涅槃。每个人都要对苦难怀有感恩之心，这样才能够从容地接受苦难，才能坦然地面对苦难，更能够踩着苦难作为阶梯，在人生的道路上，不断地奋勇向前。

很多孩子都不能勇敢地面对人生的坎坷和挫折，哪怕遇到小小的阻碍，他们马上就会缴械投降，殊不知当你缴械投降的时候，你连原本有可能成功的机会也都失去了，因为你已经彻底成为人生困境的俘虏，在缴械投降的过程中与成功渐行渐远。细心的孩子们会发现，古往今来每一位成功者并非得到了命运的青睐才获得了成功，而是因为他们在面对命运的荆棘时，始终都无畏艰险，勇敢前行。

怯懦的人，更要学会勇敢面对

乔伟从小就命运多舛，他小小年纪就因为一场意外的车祸失去父亲，后来不得不和妈妈相依为命。他们生活得很艰难，但是妈妈很爱乔伟，从来没有让乔伟受到过任何委屈。妈妈总是竭尽所能给乔伟更好的生活条件，其他孩子有的玩具，乔伟也都有。但是爸爸的突然去世，让妈妈陷入了巨大的债务困境之中，为了偿还爸爸生前留下的债务，妈妈只好忍痛卖掉房子，带着乔伟去一个偏僻的乡村生活。尽管乔伟只有5岁，但是他已经能够感受到自己的心灵中充满了忧愁。每当看到其他父母把孩子拥抱在怀中疼爱，乔伟总是问妈妈：“爸爸去哪里了？”对于这样艰难的现状，乔伟越来越自卑，他不想再走出家门，整日把自己封闭起来。妈妈觉察到乔伟的异样，总是给予乔伟最大的鼓励。乔伟很懂事，为了让妈妈放心，他强迫自己走出家门，过正常的生活。然而在其他孩子的嘲笑和讽刺中，乔伟最终还是退缩了，哭着跑回家。

看着乔伟的模样，妈妈第一次对他大发雷霆：“你作为男子汉，如果没有勇气去面对这一切，那么你就是个胆小鬼，我可不想要一个胆小鬼当儿子。”说完这句话，妈妈就怒气冲冲地走到房间里，把门关上。妈妈的话始终回响在乔伟耳边，尽管他心中依然有很深刻的恐惧，不想再面对其他孩子无情的嘲笑和讽刺，但他还是勇敢地走出去，郑重其事地把自己介绍给那些嘲笑他的小朋友，并且主动伸出手要与他们成为真正的好朋友。就这样，乔伟把自己推销出去了，从一个被其他小朋友排挤的人变成了处处受欢迎的人。乔伟的脸上挂着友善而又坚定的笑容，他的性格变得更加坚强勇敢。从此之后，哪怕在生命中遇到很大的困境，他也没有因为恐惧而退缩过。后来，乔伟在人生中做出了伟大的成就。

恐惧，很多时候来自于陌生和未知的事物，即使是勇敢的孩子，在面对未知的一切时，也常常会感到无奈，感到害怕。如果孩子从小生活在小地方，没有见过大的世面，也缺乏人生的经验，他们就更容易发生胆怯的行为。在恐惧的影响下，很多孩子甚至会选择放弃努力。他们不知道的是，他们虽然放弃了失败，却同时也放弃了成功。当一个人把自己封闭起来，与外界彻底隔离，还有什么可能获得成功呢？实际上，成功尽管不是一蹴而就的，也不是绝不可能获得的，每个人都要勇敢地战胜对失败的恐惧，砥砺前行，才能够在人生中改变怯懦的状态。

对于孩子这样的现状，父母其实承担着不可推卸的责任。明智的父母不会给孩子太多的关照和无微不至的照顾，而是在陪伴孩子成长的过程中，为孩子提供更多的机会，让他们能够独立自主地去作出选择和决定。在这样的过程中，他们才能渐渐地消除怯懦，从而让自己变得更加勇敢、坚定。相信没有任何父母愿意让自己的孩子碌碌无为，平庸无能，那么，如何才能让孩子最大限度地创造人生的价值，取得伟大的成就呢？从现在开始，父母也要变得勇敢一点，对孩子勇敢地放手，孩子才能勇敢地去战胜内心的胆怯，让自己成为勇气爆棚的真正强者。记住，每一个成功者都是在经历无数次失败的打击之后，才能够获得成功的。例如，伟大的发明大王爱迪生之所以能够发明电灯，仅仅是灯丝材料就尝试了一千多种，并且进行了七千多次试验。如果不是爱迪生这么坚韧不拔，整个世界可能会再延迟一段时间才会有灯光。由此可见，最可怕的不是失败，而是在失败之后一蹶不振。只有真正的强者，才能踩着失败的阶梯不断向前，才能在失败的道路上奔向成功。

把苦难踩在脚下，让人生持续向上

很久以前，有一个农民带着他的小毛驴去赶集。在回家的路上，因为天色已晚，小毛驴不小心掉入一口枯井里，农民非常着急，想出各种办法来救小毛驴，但是都没有见效。眼看着天色越来越晚，农民只好放弃小毛驴独自回家。次日清晨，农民就和家人带着工具找到枯井，想把枯井填起来。正当大家都在争先恐后地用工具把各种垃圾、泥土扔到枯井里的时候，小毛驴原本以为主人是来拯救自己的，却没想到主人只是想把枯井填埋起来。情急之下，小毛驴不停地踩在主人扔到井里的垃圾上，就这样，小毛驴越爬越高，最后居然踩着这些垃圾和泥土，爬出了枯井。正当众人感到惊愕的时候，小毛驴却高高兴兴、蹦蹦跳跳地跑远了。

从这个故事中，我们不难得出一个道理，那就是当苦难压在头顶，我们很容易就会被苦难压垮。但是如果能调整心态，踩在苦难之上，那么我们就能把苦难作为阶梯，在人生之中有所进步和成长。对于每个人的人生而言，苦难都是必需的养分。既然我们注定无法逃避困难，就只能对苦难采取积极的态度，也把苦难作为成长的契机。

大名鼎鼎的哲学家尼采曾经说过，一个饱经苦难的人是没有权利悲观的，因为对于他们而言，苦难就像是人生的营养液，如果他们总是因为苦难而感到痛苦，甚至放弃对生命的努力，那么他们在生命之中，就无法获得成长，这也注定了他们的一生必然碌碌无为，默默无闻。真正的人生强者，一定会熬过人生中最艰难的时刻，因为他们知道，只有坚定不移地存在着，才能够让人生更加成熟，从容。所以不管人生怎样对待我们，我们都要始终坚定向上，决不退缩。

古人云："天将降大任于斯人也，必先苦其心志，劳其筋骨，饿其体肤，空乏其身，行拂乱其所为，所以动心忍性，曾益其所不能。"这句话告诉我们，古今中外那些有所成就的人，并不是因为有独特的天赋，而是因为他们有坚韧不拔的决心和毅力来对待命运的磨难和挫折。可见人们所说的心态决定人生其实是很有道理的，一个人只有拥有积极的心态，才能够坦然面对人生中的各种磨难与坎坷，一个人也只有拥有积极的心态，才能够为人生拼搏，决不懈怠。

对于孩子而言，人生才刚刚开始，与其因为人生小小的磨难就感到垂头丧气，不如调整好自己的心态，让自己始终能够怀着积极勇敢的态度面对人生。尤其是在遭遇人生困境的时候，更要怀着坚定不移的信心奔向光明的未来。如果在人生的道路上总是焦虑不安，心中忐忑，那么又如何能够成就未来呢？还记得诗人李白在一首诗中写的吗？"长风破浪会有时，直挂云帆济沧海。"有人说，人生是一场航行，要在漫无边际的大海上走出一条路来；有人说，人生是没有归途的旅程，最重要的在于经过，而不在于结果；还有人说人生就像一部电影，只有在最艰难的时刻，才能够留下人生最深刻的印记。每个人对人生都有自己的理解，我们要说人生是一次修行，也是一次对自我的挑战，更是不可替代的自我重生的过程。我们一定要热爱人生，因为生命诞生原本就是一个奇迹，唯有饱含对生命的热爱，我们才能够在人生之中创造更多的价值。当我们勇敢地度过人生中的每一分每一秒，在拥抱命运之后，始终坚定不移地勇往直前，那么我们就能够到达成功的彼岸，也能够拥有自己梦寐以求的人生。

孩子要想拥有无怨无悔的充实人生，还需要拥有良好的心理素质。每个人的成长都不是一帆风顺的，就算是一颗小树苗，长成参天大树也要经历风雨的摧残，也要不停地把根扎得更深，才能汲取充足的营养。因此，在面对人生中那些不可避免的苦难时，我们一定要拥有良好的心理素质。心理学家经过研究发现，很多人的先天条件都是相差无几的，而之所以有的人获得巨大的成功，而有的人却在失败之中一蹶不振，就是因为他们对待人生坎坷的态度截然不同。积极的人，对待人生的坎坷和磨难，怀着积极的态度，也能够给予自己更好的选择；消极的人，对待人生的坎坷磨难，总是悲观消沉，甚至不愿意有更好的发展。在这种情况下，就算命运想要偏袒他们，也没有机会。孩子们一定要摆正心态，不要觉得拥有父母的宠爱，就能顺利地度过一生。父母哪怕再爱孩子，也不可能永远陪伴和保护孩子，所以我们必须意识到，人生终究是需要我们独自去面对的。既然如此，我们为何要不断地依赖父母，导致自己失去独立生存的能力呢？明智的父母不会过分宠爱孩子，而是会学着对孩子放手，培养孩子独立生存的能力。明智的孩子，也不会一味地向父母索求，因为他们很清楚，唯有更加努力地发展自身的能力，才能够羽翼丰满，终有一日也能够照顾父母，支撑起自己的人生。

身处逆境，也要坚定优秀

很久以前，有个女孩大学毕业后始终没有找到合适的工作，她想不明白自己寒窗苦读十几年，为何在终于走出象牙塔之后却不能找到合适的岗位，实现自己的价值。为此，她始终郁郁寡欢，一蹶不振。随着在家待着的时间越来越长，她甚至不能再鼓起勇气继续寻找工作。她的口中满是抱怨，常常当着父母的面，感慨人生迷茫，完全没有方向。她甚至想放弃生命，却又不忍心让父母伤心。意识到女孩儿的危险状态之后，当厨师的父亲想出了一个办法，他决定给女儿上一节特殊的课。

父亲拿出三口锅，然后在三口锅里加入了同等量的水，再把锅里的水都烧开。之后，父亲才郑重其事地请出今天的主角，那就是萝卜、鸡蛋和咖啡。父亲分别把萝卜、鸡蛋和咖啡放入对应的锅里，然后就开足火力开始加热。很快，锅里的水就沸腾了。女儿不知道父亲想做什么，非常疑惑地看着父亲。父亲一言不发，面带微笑地要求女儿认真观察锅里的情况。在沸腾的水中，萝卜变得越来越软，最后居然被煮成了糊糊。鸡蛋呢？则凝固成蛋白和蛋黄。只有咖啡，变得越来越香，让整个屋子里都弥漫着浓郁的咖啡香味。父亲问女儿：“你从这里面能得到什么样的感悟呢？”女儿不知所以，父亲笑着告诉女儿：“其实做饭也就像是在经营人生，不同的方式会得出不同的结果，就像这三口煮沸的锅，正象征着人生的逆境。因为对待逆境的方式不同，人们也会得到不同的结果。看看吧，萝卜变得又软又糊涂，就是因为它已经对逆境妥协，失去了自己的本色；鸡蛋从之前的液体状态变得那么坚韧，但是，它虽然没有妥协，却也没有融入环境之中，还用坚硬的壳把自己完全封闭起来；只有咖啡，它把自己彻底地融入沸水之中，让原本清澈无味的沸水因为它变得浓香美丽，也受到了很多人的欢迎。人生也是如此，如果故步自封，或者是随意地妥协，那么就会失去自己。相反，只有把自己融入不能改变的外部环境中，才能让周围的一切都因为你而得到改变。”女儿听了父亲的话恍然大悟，原来一直以来她把自己封闭起来，对外界充满了抱怨，固执地与外界对抗，所以才会陷入这样艰难的处境之中。女儿笑着对父亲说：“我应该把自己变成一杯咖啡，这样才能够融入环境，也增加自己的浓香怡人。”父亲微笑着点点头。

在人生之中，有谁会只经历顺境，而不经历逆境呢？可以说每个人都会经历逆境，既然逆境是不能改变的，我们就要把自己融入逆境之中，这样才能够改变自己。有人说，伟大是熬出来的，这是因为人从来不是生而伟大的，每一个伟大的人都是在命运的磨难中砥砺前行，不断地坚持，才能够铸就伟大！我们必须相信每个人的存在都有其理由，也要相信我们自身的存在是有价值的。在这种情况下，我们必须要实现自己的价值，创造自己生存的意义，才能够成就最优秀伟大的自己。

在这个世界上，每个生命都是独一无二的存在。在逆境中，当然可以更好地发挥自身的能力，让自己不断地成长。而一旦遭遇逆境，如果总是自我放弃，那么就会让梦想变得干枯。在这种情况下，我们必须在这个世界上努力认真地去生存，也拼尽全力去改变和成就自己，才能融入环境，真正实现自己的人生目标，也最大限度地与环境完美地交融在一起。在人生的路途中，每个人都会经历各种各样的境遇，即使是孩子，也会有自己的烦恼和挫折。只有把逆境看作是人生赠予我们的一份珍贵礼物，把各种各样的坎坷和磨难，都看成是磨炼意志的绝佳机会，我们才能真正地融入逆境，才能够在战胜逆境的过程中培养自己坚韧不拔的精神，让自己获得战胜逆境的真正办法。记住，人生从来不是顺遂如意的，一个人要想真正崛起，就要充满信心，就要拥有相信自己的力量。

当感觉到自己的心情沉重，人生举步维艰的时候，很多人都会采取自我封闭的态度。实际上，这样的做法是非常不理智的，因为当一个人把自己严密地包裹起来，他就没有机会寻找更好的解决办法。明智的做法是打开自己的心扉，向自己信任的人倾诉；哪怕只倾诉，最终没有结果，也能让我们的心结解开，也能让我们得到他人的理解和支持。当然，每个人缓解自身情绪的方法都是不一样的，例如，有的人喜欢远足，有的人喜欢四处走一走，看一看，有的人喜欢唱歌，有的人喜欢跳舞。总而言之，不管是哪种方式，只要是能够对人产生积极作用的方式，就都是有效的。情绪就像一条河流，应该始终处于流动的状态，而不应该如同一汪死水一样。对于人生的逆境，我们每个人也会采取不同的方式去开解，自己帮助自己走出逆境。无论如何，不管人生经历多少坎坷挫折，我们都应该成就最优秀的自己，都应该怀着阳光的心态，在逆境中始终积极向上。唯有如此，我们才能够在逆境中收获更多，才能够在逆境中真正成就自己。常言道，宝剑锋从磨砺出，梅花香自苦寒来，正是逆境才造就了坚强的人，才让每个人都能够在人生中绚烂地绽放。

当机立断，才能抓住好时机

西方国家有一位大名鼎鼎的哲学家，他非常热衷于研究哲学，把自己所有的时间精力都倾注在对于哲学的研究上。为此，他个人的生活也耽误了，虽然他已经年近不惑，却依然没有找到自己的真爱，这让他的人生始终不够完整。

有一天，哲学家去参加朋友组织的宴会。在宴会上，一位年轻美丽、气质不俗的女性走到他的面前，直截了当地问他："您好，我知道您是大名鼎鼎的哲学家，我很崇拜您，也很仰慕您，您愿意娶我做您的妻子吗？”面对这位年轻女性直截了当的表白，哲学家显然受到了惊吓，他根本不知道该说些什么。在随后的时间里，哲学家恢复镇定，陷入了哲学的沉思之中。他认为天上不会掉馅饼，面对这样一位漂亮的年轻女性，又要面对结婚这件人生中重大的事情，他决定要认真地想一想，然后再作决定。

年轻的女性回到家里之后一直在等着哲学家给她理想的回答，然而哲学家回到家里之后便开始认真地思考自己和年轻女性可能面对的各种结果。他不停地用哲学的方法论证这段婚姻也许会给他带来什么，或许会使他失去什么，甚至想到他们的孩子未来将会拥有怎样的性格。在不断的沉思之中，转眼之间十年已经过去了，哲学家终于决定要娶这个年轻的女性为妻，而且认为自己和这个年轻的女性门当户对，未来的婚姻生活一定会非常幸福。想明白这一点之后，他激动不安地跑到年轻女性的家里，想向年轻女性表白。不想，开门的是年轻女性已经白发苍苍的父亲，当听到哲学家说起他漂亮优秀的女儿时，他就骄傲地告诉哲学家：“我的女儿早就结婚了，她现在已经有了三个健康可爱的孩子。”哲学家听到这个消息如同遭到晴天霹雳，精神萎靡不振。在一个寂寞的夜里，哲学家选择结束自己的生命。他用生命告诉每一个人：关键的时刻，只有当机立断作出选择，才能够毫不犹豫地抓住属于自己的机会，不给人生留下无法弥补的遗憾。

有人说，人生就是不断犯错的过程，有人说人生就是持续选择的过程，还有人说人生是没有归途的旅程，没有人知道人生的终点到底在哪里。不管对于人生的理解怎样，每个人在人生的过程中都要面对很多选择题，这些选择题或者是单项选择或者是多项选择，它们的难度也各不相同、深浅不一。有的选择题非常简单，几乎可以不假思索地作出选择，有的选择题难度很大，即使思来想去，也未必能马上作出选择。还有的人在面对选择题的时候，已经思来想去，仔细斟酌和思考了，却依然未必能够作出正确的选择。那么在面对人生选择的时候，我们到底应该作何反应呢？是坚决果断，还是犹豫不定？是坚持自己的初心，还是跟随他人的意见或者建议不停地摇摆？这是一个很重要的问题。事实告诉我们，一个人在面对选择的时候，如果总是犹豫不定，那么他往往会失去很多千载难逢的好机会，真正能够抓住机会的，是那些当机立断、坚决果断的人。每个人唯有抓住机会，才能碰触人生的机关；也唯有抓住机会，才能让自己的人生绽放出绚烂的光彩。

当然，每个人在面对人生选择的时候理所应当经过慎重的思考，然而凡事皆有度，过度犹不及，如果一个人未雨绸缪的程度太过，就会变成杞人忧天。当一个人思虑太多，他在面对很多问题的时候，根本无法作出选择，也无法抓住人生中转瞬即逝的好机会。一时的犹豫不定，或许会给他的人生留下难以弥补的遗憾。归根结底，人的时间和精力是有限的，而越是千载难逢的好机会，越是转瞬即逝。在你不停地犹豫徘徊时，机会也许就会悄然溜走，当你真正想要抓住机会的时候，却发现机会已经不在了。这个时候，你的人生就会陷入无限的懊恼之中。

和选择错误相比，错过机会显然是更糟糕的结果，因为哪怕仓促之间作出选择，也有正确的概率存在，但是如果因为犹豫迟疑而错过选择的机会，就不可能有任何成功。在这种情况下，作为孩子，我们一定要从小养成坚决果断的行事作风，在认真思考决定自己要做什么事情之后，就要毫不迟疑地去做，而不要总是在面对人生选择的时候举棋不定。一个人无论如何努力，也不可能保证自己的人生是毫无瑕疵的。正因为如此，我们才要让人生不虚度，才要抓住各种各样的机会，努力地经营人生。

第03章

勤奋自律：先管住自己再去想征服世界的事

人要想获得成功，除了要勤奋之外，还要拥有自律的精神，这是因为勤能补拙，自律则能够帮助人激发出自身所有的潜能，也让人在人生之中有更好的发展。尤其是孩子正处于学习的黄金时期，更要争分夺秒地学习，以自律精神来约束自己，从而让自己始终保持进步的姿态，这样才会有更好的发展和进步。

勤能补拙是良训，一分辛苦一分才

小学三年级才刚刚开学，乐乐就因为腿部骨折，在家休学一年。不过他并没有留级，而是跟着同学们一起升入四年级。众所周知，三年级在小学阶段是关键的转折时期，乐乐丢下了三年级的课程，压力还是很大的。在受伤的腿恢复了一段时间之后，妈妈就开始在家里给乐乐上课，不过妈妈只能给乐乐补习语文和数学，对于英语的学习妈妈则没有把握。因为妈妈担心自己会误导乐乐的英语学习，所以一开学就给乐乐找了一个老师补英语。

四年级开学之初，乐乐在语文和数学上的表现都很好，但是因为英语的学习落下了一整年，所以他学习英语非常吃力。他不但要跟随学校的老师学习四年级的课程，还要跟随补课老师补学三年级的课程，可想而知真的压力山大。一开始，乐乐的确感到非常苦恼，也感觉非常疲惫。后来，补课的老师为乐乐捋清楚思路，还帮助乐乐一起制订了详细的学习计划。看着原本庞大的学习任务被分解为一个一个小阶段的目标，乐乐觉得心中轻松起来。老师语重心长地对乐乐说："虽然学习的任务很艰巨，但是我们要一点一点地去学习。不要想着你有那么多的任务需要完成，你只要每天按部就班地完成当天的学习任务，到最后你就会发现自己不知不觉间就像愚公移山一样搬走了一座大山。”

乐乐觉得老师说得很有道理，因而很愿意按照老师说的去做。每天他都把老师布置的任务完成得很好，果然在经过一段时间之后，他不知不觉就学完了三年级的课程，而四年级的课程也在老师的指点下有所提升。这次补课不但帮助乐乐掌握了三年级的课程，成功衔接四年级的课程，而且让乐乐领悟到一个深刻的道理，那就是唯有勤奋，才能做到愚公移山。

的确，对于孩子们而言，当突然之间面临巨大的学习压力，他们往往会感到心力交瘁。在这种情况下，父母不要总是给孩子过大的压力，而是可以帮助孩子一起制订明确的学习计划，从而把庞大的学习任务分解成一个个小阶段的目标和任务。这样一来，孩子们只要按部就班地完成当天的任务，就可以最终完成整个学习任务。实际上，这种方法是非常有效的。

在国际马拉松比赛上，日本的山田本一选手身材矮小，却连续两次获得世界马拉松冠军，这是因为他有一个诀窍。每次跑马拉松之前，山田本一都会把马拉松的整个赛程划分为一小段一小段的路程。在这种情况下，他很快就能够跑到第一段路程的终点，从而给自己一定的鼓励。接下来，他又鼓足力气继续奔跑第二段马拉松路程，这与把马拉松的终点作为遥远目标的选手相比，占据了优势。显而易见，山田本一在奔跑的过程中不断地得到鼓励，也不断地认可自己的能力，所以他才能够持续保持较快的速度和对奔跑的热情，才能获得冠军。

不管是对于孩子而言，还是对于成人而言，懒惰都是一种极其恶劣的生活习惯。懒惰的人在生活中很难精力充沛地面对一切，他们在遇到小小的困难时就会马上想要放弃，在遇到自己不想做的事情时，还会绞尽脑汁寻找各种各样的借口，不断地推脱。在这样的过程中，他们越来越懒散，在生活中的表现也越来越糟糕。可想而知，他们最终不但白白地浪费了时间，让生命悄然地流逝，也毫无收获，让自己在人生中变得越来越被动。

古人云：勤能补拙是良训，一分辛苦一分才。古往今来，大多数有才华的人并非天赋异禀，而是因为他们拥有超强的自制力，能够督促自己保持勤奋努力。他们知道凡事都不能等到明天，只有在今天把该做的事情做完，因为明天还有明天要做的事情。换而言之，只有每天都完成当日的事情，人们才能不断地接近成功。如果说命运是不公平的，那么命运只会青睐那些勤奋、踏实、努力上进的人。相反，一个人如果总是慵懒懈怠，不愿意在人生之中付出努力，那么他最终就会受到命运的惩罚。

现实生活中，很多孩子都被教育今日事，今日毕，然而在实际的生活中，他们很难做到这一点。很多孩子本身的性格就是慢性子，而且他们又喜欢拖延，因而总是把当天要完成的事情推到明天。他们每天都忙着应付时间，被时间追赶，却从来不为自己制订明确的目标和计划，这样做的结果只能是白白地浪费生命，导致时间悄然流逝。等到人生已经过半，蓦然回首，却发现自己依然一事无成。显而易见，这样的人生是每个人都不想要的。孩子们一定要从小就养成良好的时间习惯，从而在给自己制订人生规划的时候做到珍惜时间，绝不拖延。

坚持不懈的努力，才能造就天才

从本质上而言，懒惰就像是一种无药可救的病，它虽然并不对人的生命产生致命的打击，却始终依附于人存在，让人陷入温柔的安乐窝中不愿意打破现状，更不愿意持续地努力。懒惰，让人在学习上也变得非常懈怠，甚至连脑子都不愿意转一转，最终懒惰的人会非常消极和低沉，也变得极其平庸。毋庸置疑，人都是趋利避害的，每个人都希望自己的生活无忧无虑，安逸快乐，然而岁月静好，并不能锻炼和提升人，也无法铸就充实的人生。很多时候，岁月静好只会让人在安逸中被麻痹，也会导致人生如同逆水行舟，不进则退。

科学家经过调查发现，人的一生不管是漫长还是短暂，都有三分之一的时间用于睡觉。可想而知，在人生的很大一部分时间里，人都是在睡眠之中度过的。当然对于每个人而言睡眠的时间也是不同的，有的人每天只需要睡五六个小时，第二天就能保持精神抖擞，而有的人每天至少要睡八九个小时，才能保证第二天正常的作息活动。实际上，历史上有很多伟大的人物都是睡眠时间很短的，这是因为他们觉得把宝贵的人生用于睡觉，简直就是浪费生命。例如，伟大的拿破仑大帝，他很少睡觉超过五个小时。实际上，拿破仑是贵族的后代，他从小就生活无忧，但是因为他有一颗不安于现状的心，所以才能够努力地打破生命的困境，也通过坚持不懈的努力，最终铸就自己辉煌灿烂的人生。当然，我们不是拿破仑，也很难取得拿破仑那样的人生成就，但是我们依然要学习拿破仑的精神，不要总是顺从人生的境遇，不知道进取。唯有更多地反省自己，让自己在人生之中崛起，才能从平庸走向伟大，从普通走向传奇。

每个人在努力的过程中都会遇到各种各样的困难，这是难以避免的，也是正常的现象。在这种情况下，如果一味地努力而忽略了打破自身的局限，突破禁锢，那么这样努力的效果就是微乎其微的。只有有意识地突破和超越自我，我们才能真正地重新缔造自我，才能在努力之后让自己拥有令人瞩目的成就。

整个世界都在保持着不断发展和变化的节奏，每个人即使坐地不动，也能够日行万里，所以唯有保持进步的姿态，唯有坚持不懈地努力，一个人才能够获得自己梦寐以求的生活和成功。常言道，逆水行舟，不进则退，当大家都在努力进取的时候，如果一个人因为安于现状而停滞不前，那么他就会被时代的洪流远远地甩下，甚至被这个社会所彻底淘汰。所以，孩子们一定要扬帆起航，让生命不断地向前，而不是停滞于当地。与其羡慕他人的才华，不如激发出自己所有的潜能，改变自己的命运，这样才能让自己拥有更成功的未来和人生。

世界上没有不劳而获的成功

高考后，雅丽没有考上心仪的大学，为此她决定复读一年，从而继续拼搏。父母也很支持雅丽，希望雅丽最终能够考上理想的大学，也能够拥有成功的人生。在父母的支持下，雅丽非常勤奋，虽然暑假到来，但是雅丽没有休息一天，而是继续学习。她还主动请求爸爸妈妈为她报了补习班，每天天刚亮就起来去上课，直到天黑才回家。就这样，经过一个暑假的努力，雅丽复读的时候在班级里名列前茅，成为学习上不折不扣的佼佼者。

和雅丽恰恰相反，同桌小雪也没有考上理想的大学，但是小雪并不想复读，她只想去打工挣钱。尽管在父母的强迫下，小雪不情愿地选择了复读，但是小雪对于学习并不用心，甚至不如前一年读高三时那么认真呢。每当看到雅丽苦读，小雪总是对雅丽说：“不上学也有好处，还能早一点挣钱呢，没有必要这么辛苦！如果明年还是考不上大学，咱们一起去打工，那有多好！”雅丽对此不以为然，她常常劝说小雪要用心读书，将来才能有好的人生。小雪对雅丽的话也从来听不进去，就这样，原本学习成绩相差不多的雅丽和小雪在复读的一年时间里，成绩变得悬殊巨大，雅丽最终顺利地考上了自己心仪的大学，而小雪连个专科都没有考上，也如愿以偿地去外地打工了。

几年之后，雅丽大学毕业选择去一家外企工作，成为不折不扣的白领。这个时候，小雪因为在打工的时候表现突出，在公司也得以提升，所以小雪赚的钱并不比雅丽少。为此，小雪还沾沾自喜地说：“我虽然没有读大学，却比雅丽积累了更多的资金。”时间又过去五年，这个时候小雪已经不能与雅丽同日而语了。原来，雅丽在工作上表现良好，被领导提拔为中层干部。而小雪呢，却被那些后来的年轻女孩所替代，只能在最普通的岗位上蒙混度日。此时此刻，小雪懊悔不已，然而为时晚矣。

人们常说磨刀不误砍柴工，对于雅丽而言，她虽然在学习上花费了更多的时间，但是努力提升自己之后，她在人生之中有了更好的发展。相反，小雪为了一时的安逸，为了暂时逃避学习，宁愿去打工也不愿意复读，她最终不但浪费了宝贵的一年时间，而且没有考上理想的大学，最终虽然如愿以偿地去打工，却因为缺乏知识的储备在职业生涯的发展上很乏力。渐渐地，小雪失去发展的后劲，不得不屈服于现实，也走上了人生的下坡路。

每个孩子都应该对自己的人生有详细的规划，也应该意识到学习就是给自己加油和充电的过程。只有在学习的过程中不断地努力付出，才有可能在学习上有所成就，才能够为自己铺垫人生。否则，如果在学习上总是三心二意，不愿意努力，那么最终就会因为懈怠导致人生发展失去动力，也使得自己陷入困境和被动之中。

细心的孩子们会发现，古往今来每一个有所成就的人，无一不具有勤奋的特质，也许他们并没有出类拔萃的天赋，也没有不同寻常的能力，但是恰恰是勤奋，让他们变得脱颖而出，也让他们真正实现了出色。伟大的科学家居里夫人曾经说过，只有勤奋的人才能获得成功，而懒惰和愚蠢只会让人与失败纠缠不休。每个孩子如果都能够严格自律要求自己坚持勤奋，那么他们无疑已经走上了成功的道路。大名鼎鼎的爱因斯坦也曾经说过勤奋是世界上所有成就的催生婆，如果没有勤奋，世界也就没有这么多的成功；如果没有勤奋，每个人都会陷入碌碌无为之中，根本不可能创造个人的成就。从这个角度而言，每一个孩子都应该更加努力，勤奋，尤其是在小时候就要养成勤奋用功的好习惯，从而把懒惰、懒散、放纵、消沉，赶得远远的。当我们的心灵被积极向上的思想所占据，我们就能够表现出努力积极的行为，也能够让自己变得与众不同，出类拔萃。

在历史上，有很多非常伟大的人物尽管天资不高，但都特别勤奋，诸如曾国藩。有一天，曾国藩来到书房里读书，开始背诵一篇文章。他背诵了很多遍，但是都没有熟练地记忆下来。曾国藩不知道的是，在他来到书房背书之前，有一个窃贼潜入了书房想要行窃。因为曾国藩一直在背书，所以这个窃贼只能躲在房梁上不敢下来。他原本想等到曾国藩背书之后离开再下来行窃的，没想到曾国藩背诵了很多遍，始终没有把文章背诵下来。为此，曾国藩一直在书房里苦读，窃贼等得着急了，直接从房梁上跳下来，对着曾国藩怒吼："你这么笨，为什么还要读书呢？这篇文章我都可以倒背如流了！"说完，这个窃贼就气愤地扬长而去。的确，也许曾国藩记忆力不是很好，但是他非常勤奋，所以他最终取得了伟大的成就。那个窃贼可能比曾国藩的记忆力更好，也更聪明，但是他选择错了人生的方向，把勤奋用在了错误的地方，导致穷尽一生也只能成为一个见不得天日的窃贼，根本没有任何成就，反而为人们所唾弃。

由此可见，一分努力，一分收获，任何时候，我们都要坚持不懈地努力，才有可能获得成功。也许有些孩子会说，很多时候，即使努力了，也没有收获。的确，努力与收获之间并非呈现出绝对的正比关系。也许努力了，也没有收获，但是如果不努力，就注定了毫无所获。在这种情况下，我们当然要更加努力，才能够逐渐接近成功。

合理安排时间，提高人生的效率

对每个人而言，时间都是非常重要的。正如大文豪鲁迅先生曾说过的，时间是组成生命的材料，浪费别人的时间无异于谋财害命。其实，每个人既不能浪费别人的时间，也不能浪费自己的时间。人生是一场没有归途的旅行，没有人知道自己的人生将会在何时戛然而止，因此生命就显得尤其珍贵。在这种情况下，我们更要珍惜宝贵的时光，这样才能够创造人生的价值，才能让自己的生命更加充实和有意义。

生活中很多孩子都不能理解时间的重要性，很多父母在教育孩子的过程中也往往忽略了对孩子时间意识的培养，实际上时间关系到孩子生活和学习的方方面面。如果孩子能够养成珍惜时间的好习惯，就能够有效地利用时间，也能够对时间进行合理有效的安排。在这种情况下，时间当然会对孩子的成长和发展起到更加积极有效的推动作用。

孩子为何不懂得管理时间呢？这是因为他们对于时间还没有明确的意识。成人之所以珍惜时间，恨不得把每一分每一秒都利用起来，这是因为成人已经意识到时间的宝贵，也知道时间对于生命来说是不可替代的。但是在很多孩子的心目中，时间就像是他们已经玩腻的玩具，可以随时丢掉，而丝毫不觉得珍惜。虽然孩子对时间的观点并不正确，但是孩子这种想法是基于自己的感觉产生的，所以不应该受到指责。作为孩子，在我们意识到自己不够珍惜时间之后，就应该积极主动地改变这种心态，无论如何，时间对于每个人而言都是至关重要的，也是值得珍惜的，每个人都不应该浪费时间，而应该珍惜生命。

安排时间并非说说就能做到的事情。要想合理安排时间，就要对自己的生活有更加深刻的认知和理解。例如，孩子要意识到自己的生活是由玩耍和学习两部分组成的，此外，每天还要进行日常的活动。这样一来，他们才能够把时间合理分配到这三大板块之中，从而让这三大板块都保证效率。现在社会，大多数家庭都只有一个孩子，很多父母都望子成龙、望女成凤，恨不得给孩子报各种各样的培训班和补习班，让孩子能够在学习方面取得突飞猛进的进步，也让孩子变得出类拔萃。殊不知，孩子的时间和精力是有限的，而且孩子的天性就是玩耍。假如孩子们能够把每一分每一秒的时间都用于学习，无异于扼杀了孩子的天性，导致孩子的生活陷入郁郁寡欢之中。在这种情况下，父母当然要安排好孩子的生活作息，在给孩子安排学习计划的时候，也要考虑到孩子的身心发展特点。

孩子从自身的角度出发，虽然一心一意只想玩耍，不过少年时代正处于学习的好阶段，因而孩子们也需要端正心态，意识到自己的首要任务是学习，其次才是玩耍，从而平衡好学习与玩耍之间的关系。很多不会管理时间的孩子做事情东一榔头西一棒槌，想到什么事情就做什么事情，而丝毫没有计划性。这导致他们的时间利用效率非常低下。假如孩子们学会管理时间，那么他们就知道自己每天之中有哪些事情是必须在固定的时间完成的，哪些事情是可以合理安排和计划的，还有哪些事情是可以摒弃不做的。这样一来，他们对于时间的利用率就会大大提升，对于人生的安排和把握也会更加效率倍增，卓有成效。

善于安排时间的孩子不但能够管理好自己的学习和生活，在与他人相处的过程中也会给他人留下良好的印象。现代社会已经开放，我国与西方国家之间的往来越来越多，所以孩子们有更多的机会接触到西方国家的友人。在这种情况下，如果孩子没有时间观念，在与时间观念极强的西方友人相处的时候，就会遇到各种困境。为了适应社会的大环境，孩子要有意识地建立时间观念，这不但有利于与西方友人相处，也有利于孩子的学习和生活。当孩子的时间观念足够强，他们的生活就会秩序井然，也会更有条理性。

总而言之，随着时间管理能力的增强，越来越多的孩子会更加积极地管理自己，也会卓有成效地提升生活和学习的效率。如果说不会管理时间的孩子，每天只有二十四小时，那么相比之下，会管理时间的孩子就能把每天的时间拓宽到三十六小时，甚至四十八小时。当孩子把珍惜时间的概念延续到整个人生之中，那么善于管理时间的人则活出了不善于管理时间的人好几辈子的人生，不得不说这是莫大的成功。需要注意的是，管理时间并非只是管理时间，对于孩子而言，只有真正管理好自己，才能管理好时间。所以与其说是让孩子管理时间，不如说是让孩子管理好自己，这样对于孩子的成长才是有益的。

好男孩不传闲话，一诺千金

作为一名非常严谨的科学家，朱达很懂得克制自己。他知道自己工作涉及的内容都是非常机密的，也是需要有充分的科学依据的，所以他从来不会把自己正在进展的科研工作说出去，也不允许自己在工作中乱发脾气，或者带着情绪去做实验。其实，朱达在很小的时候就表现出了严谨自制的特点，即使长大成人成为大名鼎鼎的科学家，他也依然遵循这样的规则，牢记“言多必失，祸从口出”的教训。

在成立实验室的时候，朱达为自己挑选助手，他唯一的标准就是能够管住嘴巴，具有严谨的科学精神。面对十几名面试的人员，朱达将他们分成四个小组，然后私下告诉每一个小组的成员，说在其他小组里有一位来自皇室的成员，而且这个成员的科学能力非常强。听到了这句话，几乎所有的小组成员都马上感到非常震惊，而且立即陷入了交头接耳、议论纷纷的混乱状态。朱达对此感到非常失望，正当此时，他看到有两个成员，一直淡定、自信地站在那里，并没有参与大家的讨论。朱达对他们非常感兴趣，当机立断就决定聘用他们。实际上，朱达对于他们的科学素养和能力并没有太深的了解，但是朱达相信只要他们能够管住自己的嘴巴，不那么喜欢传播流言蜚语，就一定能够全身心投入科学实验，也能够在科学领域中有所成就。最终，这两个人在工作上的表现的确如朱达所预期的那样，他们对于外界的事情不闻不问，尤其是对于来自外界的流言蜚语，更是不能对他们造成任何影响。正是因为如此的专心致志和全心全意，他们在科学研究上才会有更好的发展和更大的进步。

作为一名科学家，朱达从来不愿意听信流言蜚语，这是一种非常好的科学精神，也是他在科学方面严谨认真的表现。正如中国人常说的，人无信则不立，这句话告诉我们，一个人要想立足于社会，要想在漫长的人生道路上赢得他人的认可和尊重，也得到他人的信任，就必须讲究诚信，简而言之，就是对自己说出的每一句话都要负责任。所谓君子一诺千金，就是说君子信守承诺，对于自己无心说出去的一句话也会记在心上，努力兑现；反之，一个人如果对自己说出去的话完全不放在心上，甚至说完之后就彻底忘记，还会不负责任地传播别人随意说出的话，那么他就会成为不折不扣的流言蜚语的传播者。这样的人不但会给身边的人带来很多负面影响，也会给自己惹很多麻烦。正因为如此，朱达才以不传播流言蜚语作为聘用助理员的首要原则和标准。事实证明，朱达的判断的确是正确的，只有不被外界随便干扰的人，才能够专心致志地从事科学研究工作。

在中国古代，有一个叫曾子的人。曾子是一个信守诺言的人，有一次，曾子的妻子要去赶集，儿子也闹着要和妈妈一起去。这个时候，妈妈对儿子说："你乖乖留在家里等我，我一会儿从集市上回来就杀猪给你吃肉！"听说有肉吃，儿子不再纠缠妈妈，而是搬了个凳子坐在家门口，目送妈妈去赶集。整整一天，儿子都守在家门口，眼巴巴地盼着妈妈从集市上回来。直到天色将晚，妈妈才和邻居一起从集市上结伴回家。

妈妈才走进院子里，就听见磨刀的声音。妈妈扭头一看，原来是曾子在磨刀。她纳闷地问曾子："你为什么要磨刀呢？现在又不过年，又不杀猪。"曾子对妻子说："你去集市之前告诉儿子回来要杀猪给他吃，现在我们就应该兑现诺言，你赶快去烧水吧。等一会儿刀磨好了，我就要杀猪。"妻子当即表示反对："这头猪可是全家人一年的口粮啊，全家人就指望着它过年了。你现在就杀了它，过年我们吃什么。"曾子一本正经地说："作为父母，我们一定要给孩子树立诚信的榜样，如果你今天骗了孩子，那么未来孩子就会骗所有人，甚至会骗自己。你觉得是一头猪重要，还是孩子的品质更重要呢？”妻子觉得曾子说的话很有道理，不再提出异议，而是当即去烧水。后来，曾子和妻子一起把猪杀掉，还把吃不完的猪肉分给了乡邻们一起分享。

曾子说得很有道理，如果父母不能对孩子兑现诺言，那么将来孩子怎么可能成为诚信的人呢？很多人说话的时候不假思索，说完之后，就让话随风飘散，完全不记在心里。还有的人对于自己说出去的话从来不愿意兑现，这是因为他们觉得一句话两句话不能兑现，也没有关系。实际上，不管是传递流言蜚语，还是把自己说出去的话完全忘记，都是做人最失败的地方。因为一个人如果对自己和他人没有诚信，那么就会失去他人的信任，也会导致自己在人际交往中陷入被动的状态。

孩子一定要养成从小就讲究诚信的好习惯，不要把来路不明的话随便地传播出去，也不要把自己说出去的话完全忘记在脑后。只有真正地信守诺言，也只有真正地严格要求自己，管好自己的嘴巴，孩子才能够得到朋友的认可和尊重，才能够为自己在社会交往中赢得一席之地。

我们所说的不传闲话，信守诺言，并不是要求孩子们在生活中一定要闭上嘴巴不说话，实际上凡事皆有度，过度犹不及。不管是说话还是不说话，都应该做到适度，才能收到最好的效果。否则，如果过度，就会导致事情的发展朝着相反的方向发展。例如，如果孩子始终不说话，那么就会影响孩子语言能力和思维能力的发展，也会影响孩子的人际关系。再如，如果孩子总是把自己说的每一句话都记在心上，甚至把不是诺言的话也当成诺言，那么就会承受过重的心理负担。在与人相处的时候，孩子应该把握合适的度，知道哪些是闲话，知道自己说出的哪些话是承诺，这样才能够与他人更好地相处。

好孩子能够抵抗诱惑

作为一名伟大的音乐天才，卡萨尔斯从很小的时候就喜欢演奏古老的乐器——大提琴。在当时，大提琴的演奏难度是非常高的，但是卡萨尔斯偏偏喜欢大提琴，而且把大提琴演奏得非常娴熟。10岁的时候，卡萨尔斯就能够演奏很多高难度的曲目，这也让他的名气越来越大。15岁那年，卡萨尔斯得到机会进入皇宫演奏。皇太后看到卡萨尔斯超高水平的演奏之后，非常器重卡萨尔斯，并且决定资助卡萨尔斯继续学习大提琴。不过，皇太后有一个附加条件，那就是要求卡萨尔斯要不定期地进入皇宫，陪伴皇太子一起成长。

卡萨尔斯尽管很贫穷，也很缺钱，但是他不愿意进入皇宫里过奢华的生活，为此他拒绝了皇太后的请求。他坚定不移地走好自己的人生之路，想要实现自己的梦想，那就是去找大提琴演奏家约克伯学习演奏大提琴。卡萨尔斯费尽周折才找到约克伯，可惜约克伯态度冷漠，十分高傲，根本不把卡萨尔斯看在眼里。

看着年纪轻轻的卡萨尔斯，约克伯不经意地说了几个超高难度的曲目，让卡萨尔斯演奏。在当时，即使是跟着约克伯学习很久的大提琴手，都不会演奏这些高难度的曲目。但是，这些曲目显然难不倒卡萨尔斯，卡萨尔斯娴熟地演绎了这些曲目，为此震惊了约克伯。转眼之间，约克伯对卡萨尔斯的态度就发生了巨大的转变，他当即表示愿意无偿教授卡萨尔斯学习大提琴。但是，卡萨尔斯不喜欢约克伯的傲慢，他拒绝了约克伯的好意，决定回到家乡。正在此时，皇太后也下令要终止对卡萨尔斯的资助。卡萨尔斯并没有受到皇太后的威胁，而是毅然决然地回到巴黎，继续过着非常贫穷的生活。

不管生活多么艰难，卡萨尔斯始终没有忘记自己的梦想。接二连三的拒绝让他得罪了很多人，使他陷入生存的困境，但是他从没有感到绝望。最终，为了实现自己的音乐梦想，他在一个偏僻的小镇上举办了自己的音乐节，很多热爱音乐和大提琴演奏的音乐家都来到现场，聆听他的演奏。

现实生活中，每个人都会面临各种各样的诱惑，而欲望就像是海水，让人越喝越渴，从而导致人在欲望的深渊中不断地沉沦下去，无法自拔。与此同时，人们还面临着各种对欲望的挑战。当欲望无处不在的时候，我们要怎么做，才能够始终坚持初心呢？在这个事例中，卡萨尔斯为我们作出了很好的表率。一个人不能因为受到诱惑，就完全忘却初心，越是在艰难的处境中，越是要不忘初心，坚持自我，才能始终牢牢把握人生的方向，才能最大限度激发出自己的潜能，让自己创造生命的辉煌。

做人总要有自己的原则，卡萨尔斯拒绝了皇太后的帮助，也拒绝了约克伯教授，后来，他还拒绝了去国外的友好演出，不得不说，他看似把自己所有的道路都堵死了，但是他在自己的音乐世界里怡然自得。这就是对于本性的坚持，也是对于欲望的抵抗。在现实生活中，孩子们同样也会面临很多诱惑，尤其是当欲望越来越深重的时候，是踏破铁鞋，还是向诱惑和欲望妥协，这是需要认真思考的问题。一个人唯有真正战胜各种诱惑，也战胜无休无止的欲望，才能真正地主宰自己，才有机会真正实现伟大的理想和愿望。当明确自己人生的目标，知道自己在人生中想得到怎样的结果，相信每个孩子都能作出正确的选择。

一个人要想最终实现成功的目标，就一定要具有自制力，否则，一个人如果失去对自己的控制力，让自己跟随着欲望随波逐流，也让自己一旦面对诱惑就完全忘记了自己的本心和做人做事的原则，那么他就会因此导致人生彻底改变，面目全非。

生活中，每个人的追求是不一样的，有的人追求名利权势，有的人追求金钱和富足。为了自己的所求，很多人甚至甘心付出一生的时间或者付出生命的代价，这都是因为受到欲望的驱使，使得他们在诱惑面前完全失去了抵抗力。然而，人要想活得充实而又精彩，最重要的是要知道自己想要怎样的人生，如果连对人生的定义都没有，又如何能够坚持本心，不忘初心呢？孩子们一定要在诱惑面前保持清醒和理智，不要因为诱惑就变得神魂颠倒，也不要因为欲望而失去理性。你要知道，这个世界上并非只有金钱和物质值得人去努力追求，更多的时候，唯有在生命中实现自身的价值和意义，才能够让自己得到更深刻的快乐。

自律的最高境界，就是克己慎独

元代大名鼎鼎的教育家、思想家许恒不但在学术方面独有建树，还在朝廷中担任重要的职务。许恒总是宽以待人，严于律己，尤其是在对待学生时，就像对待自己的孩子一样亲切关爱。然而，许恒对自己的要求非常严格，哪怕是在没有外界力量约束的情况下，许恒也拥有超强的自制力，从而保证自己无论在怎样的环境中，都是言行一致的君子。

有一个夏天，骄阳似火，局势动荡不安，很多人都逃离生活的地方，去其他地方避难。因为长途跋涉，每个人都又渴又饿，许恒作为文人体力更差，在走了一段时间的路之后，他满头大汗，面色苍白，浑身都疲倦无力。正当大家准备原地休息的时候，突然有人喊道："前面有梨树，满树都是大大的梨子，可以摘着吃！"大家闻讯全都急匆匆地赶到前面去摘梨子吃，只有许恒依然按照原计划坐在原地休息，不为所动。

有一个人很惊讶，问许恒："前面有梨园，你为什么不去摘梨子吃呢？"听到这样的提问，许恒依然坐在那里纹丝不动，他正气凛然地说："这些梨树肯定是有主人的，我们不能在主人不在的时候，偷偷地摘梨子吃。"听到许恒的话，那个人不由得嘲笑许恒："你可真是个书呆子，读书都读迂了。如今人命都难以保全，主人早就逃离了这个地方，哪里还顾得上他的梨子呢？"许恒当然知道这些梨树的主人可能早就不知所踪，但是他依然坚持自己的原则。这些梨树尽管眼下没有主人来看护，但并不意味着它们是无主的财产。想到梨树的确是有主的，许恒坚决不能把它们视为没有主人的梨树去任意采摘。

最高境界的自律，就是克己慎独。在这个事例中，许恒明知道梨树的主人并不在当地，也知道这些主人短期之内不会回来照顾梨树，但是他依然按照原则要求自己，绝不轻易地放松标准。不得不说，许衡的自律力量是非常强大的，正是因为有这种力量的约束和督促，他才能够在学术上做出伟大的成就。

一个人如果在外界有约束力的情况下能够管理好自己，这不足为奇，因为人是群居动物，每个人都很在乎他人对自己的意见和评判。在这种情况下，他们管理好自己，也是必然的。但是，如果一个人在没有外人见证和约束的情况下，依然能够克制好自己，绝不轻易地放松对自己的要求，更不任由自己做出违背原则和理性的事情，那么这样的自律力才是更强大的，才是真正的自律。

在现实生活中，每个人都肩负着多重角色。一个女人，既是妻子，也是母亲，还是女儿；一个男人，既是丈夫，也是父亲，还是儿子。这只是他在家庭中的角色，在职场上，他还会肩负着更多重的角色。在这种情况下，可想而知，一个人要想真正活得明白透彻是很艰难的。尤其是当不同的角色都面临各种诱惑和欲望的时候，很多人都容易放弃自己，做人做事的原则偏离内心的轨道，甚至让人生因此而陷入困境。那么作为新时代的人，作为未来社会的栋梁，孩子们又该如何增强自律，从而拥有更好的未来呢？

孩子们一定要做到以下几点。首先要收敛自己的本性。人的本性中有很多的劣根性，我们在众目睽睽之下要管理好自己，而在没有人监督的时候，我们同样要管理好自己，约束自己，不要让自己肆意妄为，尤其是不要打破自己对规则的遵守。很多孩子在想放纵的时候，会安慰自己说“只放纵这一次”。实际上，正是这一次的放纵，就会导致严重的后果，更会让他们的欲望极度膨胀，导致他们后来无数次违背规则，做出逾越规矩的举动。其次，孩子还要做到表里如一。很多孩子都是非常聪明的，能审时度势，根据外界的情况来调整自己对待外界的方式与方法。这如同双面人一样的表现，对于孩子的成长绝没有好处。每个人都要言行一致，表里如一，而不要当着别人面一套，背着别人面一套，做一套，说一套，否则就会让自己产生混乱的思维和认知。最后一点，就是一定要宽以待人，严于律己。很多人恰恰把这件事情做得颠倒了，那就是对待自己非常宽容，而对待他人却非常严格。所谓宽以待人，实际上就是对待他人宽容，而严于律己，则指的是再次犯错误的时候不要总是无限度地原谅和宽容自己。实际上，一个人如果想要原谅自己，是很容易找到理由的，但是这样的做法并不理智。明智的人一定会做到克制自己，严格要求自己，否则一旦放松对自己的要求，就会导致放弃很多原则。所以孩子们尽管年纪还小，却依然要严格要求自己，这样才能够让自己的成长遵循一定的原则，也让自己的每一步都走得踏踏实实、稳稳当当。

第04章

自控自省：稳扎稳打走好人生每一步路

孩子要想获得更好的成长，就一定要养成自律和自我反省的好习惯。否则，一味地闷着头行走人生之路，就无法及时有效地反思自己，也就无法从成长之中收获更多的经验。古人云，一日三省吾身，很多时候及时地自我反省，会让孩子更好地成长。此外，反省还能帮助孩子及时修正偏离人生正轨的道路，也会给予孩子更多成功的可能性。

一日三省吾身，更得成功青睐

晓东已经9岁了，正在读小学三年级。一直以来，晓东虽然和爸爸妈妈生活在一起，实际上是由奶奶负责照管的。奶奶非常疼爱晓东，把晓东照顾得无微不至，不但管着晓东的吃喝拉撒，每天晚上还负责帮晓东收拾书包，早晨送晓东上学的时候，还帮着晓东背书包呢！

有段时间，奶奶因为老家有事情，所以临时回去了。奶奶才回去一天，晓东在学习上就出现问题。原来，因为没有人帮忙收拾书包，晓东粗心大意，居然忘记把语文作业收到书包里了。妈妈正在上班呢，就接到老师的电话，让妈妈赶紧把作业送到学校去。原来，老师是担心有的孩子没有完成作业，却撒谎说忘记带作业，所以要求班里忘记带作业本的几个同学的父母送作业到学校。妈妈正在开会呢，不得不放下手里的工作，第一时间赶到学校。

当天晚上回到家里，妈妈非常恼火，忍不住对晓东发脾气。晓东却不以为然："都怪你们没帮我收拾书包，要是奶奶在家，绝对不会发生这种事情。奶奶每天晚上都帮我收拾书包，还会认真检查一遍呢！今天晚上，你和爸爸到底谁帮我收拾书包，不然我可不能保证明天不需要你们送书、作业或者是文具！"妈妈被晓东气得说不出话来：这都是什么歪理邪说啊！幸好爸爸及时赶到，对晓东说："晓东，收拾书包是你自己的事情。假如你现在是一名战士，难道能让别人为你准备枪支和子弹吗？难道你就不担心因为别人的疏忽，导致你次日上战场的时候，拿着一只空膛枪吗？"听完爸爸的话，晓东陷入沉思。这个时候，妈妈理所当然地说："对。学会自我检查，这是每个孩子都必须做的，就像在考试的时候，要学会检查试卷一样。除此之外，在学习和成长的过程中，孩子始终都要保持反省的精神，从而不断进步。"

古人云，"吾日三省吾身"，意思是说，每个人每天都要多多自省，才有可能获得进步。反省不但对于成人的发展有很大的好处，对于孩子的成长，也是至关重要的。通过反省，孩子才能更加深刻地认知自己，才能端正态度对待自己，深入分析自己。尤其是在学习方面，当遇到各种困难和阻力的时候，反省也有助于孩子找到最佳的方法，从而提升自己。在这种情况下，孩子当然要对自己的行为进行深刻省察，从而更加卓有成效地修正人生的道路，也要不断地反观自己的言行举止，从而有效地结合自身的情况，不断地调整思路，改变方法，也更加有力地推动自身发展。

反思的过程，从本质上而言是自我修正和推动的过程。孩子正处于学习和成长的关键时期，也正处于形成人生观念的重要时期。在这种情况下，父母也要引导孩子学会自我反省。正如一句古诗所说的，不识庐山真面目，只缘身在此山中。对于每个人而言，最熟悉的陌生人恰恰就是自己，每个人看似熟悉自己，实际上因为从未客观地面对自己，所以并不真正了解自己。在这种情况下，人一定要不断地自我反省，也从自身的局限之中跳脱出来，让自己置身于第三者的角色，才能客观认知和公正评价自己。正因为如此，很多人才说每个人最大的敌人就是自己，而人生最重要的就是面对自己，挑战自己。

对于孩子而言，成长的过程也许是很慢的。这是因为大多数孩子的学习都是接受外界知识的灌输，而很少做到积极主动地学习。一旦形成自我反省的精神，孩子们就能够变被动学习为主动学习，也能够最大限度激发自身的积极性，从而为人生的发展和进步提供更加源源不断的动力。所以也许孩子天资普通，也许孩子能力平平，但是孩子一定要拥有自我反省的能力，也要拥有积极进取的力量，才能在不断地反省和努力中，一步一个脚印地成长。

常言道：金无足赤，人无完人。在人生的道路上，每个人都有一定的缺点和不足，每个人都需要不断地成长，才能让自己更加成熟起来。对于孩子而言，不能忽视自身的缺点，也不能自欺欺人。而要主动地反思自己，把错误归结于自己的身上，才能有效地提升和完善自己，才能在人生的道路上砥砺前行，奋勇向前。否则，如果孩子只追求进步，却不知道自己的方向是否正确，无形中犯下南辕北辙的错误，那么就会导致孩子陷入人生的困境，变得非常被动。当然，要想帮助孩子形成主动反省的好习惯，父母也要给孩子树立榜样，教会孩子如何反省才能更有效，也给予孩子积极的反馈。

孩子们还需要注意的是，当在生活中犯下错误的时候，要主动承担责任，勇敢地肩负起人生的重担。而不要总是把错误都推卸到父母等其他人身上，因为一个总是推卸责任、胆小怯懦的人，根本无法积极主动地看到自己的缺点和不足，也就不能做到取长补短，扬长避短，更不能卓有成效地提升自己。

坚定不移，走好人生的路

康熙皇帝登上皇位的时候，年仅八岁。即使贵为天子，才八岁的康熙也根本不具备治理国家的能力和才华。祖母孝庄太后专心专意地培养康熙，只盼望着康熙快快长大，能够整治朝廷乱象，也能够稳定朝政。

在当时，朝廷里的文武百官面对的最糟糕的问题是鳌拜专权。鳌拜是护国大臣，辅助康熙处理政务，利用职务之便，他暗中勾结很多同党，在朝廷上横行霸道，从来不把年少不更事的康熙看在眼里。因为康熙年幼，孝庄太后尽管为此而忧心忡忡，却拿鳌拜没有任何办法，为了一时的稳定，所有人都忍气吞声。随着渐渐成长，康熙也从一个年幼的孩子成长为翩翩少年，年轻气盛的他几次冲动地想与鳌拜以硬碰硬。然而，痛定思痛，他意识到自己的能力与鳌拜相差悬殊，远远不到和鳌拜拼死搏斗的好时机。为此，他只好把愤怒压抑在心中，而默默地积蓄力量，只等着时机成熟的时候与鳌拜决一死战。

等到16岁那年，康熙意识到时机已经到了，为此出其不意，攻其不备，顺利地制服了鳌拜。后来，励精图治的康熙还平定三番，收复台湾，在历史上留下了浓墨重彩的一笔，也成就了国力强盛的大清朝。

对于八岁登基的康熙而言，他还是个孩子呢，根本不足以与在朝廷里党羽众多、嚣张跋扈的鳌拜相抗衡。假如康熙完全凭着冲动就不自量力地对抗鳌拜，那么他一定会导致自己陷入困境，也会使得自己变得非常被动。如果被实力强大的鳌拜打败，那么后来也就没有强大的清朝。幸好康熙是非常聪明的，也足够隐忍，他用理智战胜怒气，也把自己的愤怒压抑在心底里。整整八年的时间里，康熙始终卧薪尝胆，默默地养精蓄锐，所以才能一招制敌，战胜鳌拜。

人总是需要一步一步，稳扎稳打地向前走，才能达到预期的目的。如果人总是陷入浮躁之中，行走每一步都急功近利，经不起任何等待，那么日久天长，人们就会陷入人生的困境之中，无法自拔。对于正在成长的孩子而言，虽然无须像康熙一样心中藏着沉甸甸的心事和深深的憎恨，却也要能够坚定隐忍，从而控制自己的情绪，成为自己人生的主宰，也真正地驾驭人生不断地向前。所谓自制力，更多地表现在对意念的控制上。而所谓的意念，从本质上而言，就是要拥有清醒的头脑，也要始终保持理智的状态。归根结底，人生从来不是一蹴而就就能获得成功的，每个孩子要想获得成长，要想经营好人生，就要端正心态，也要摆正姿态，才能在人生的道路上勇往直前，收获丰满。

很多孩子常常感到自卑，也因为自卑而怀疑自己的能力，质疑自己的人生。其实，要想稳扎稳打走好人生的每一步，就要拥有拼搏的精神，就要让自己变得更勇敢，更加有闯劲儿。首先，孩子要对自己进行积极的心理暗示。尤其是在遭受坎坷和挫折的时候，孩子更要积极地鼓励自己，暗示自己，从而让自己拥有好心态，从容地应对人生的坎坷和磨难，走出困境，迎来柳暗花明。其次，孩子还可以进行自我激励。不管做什么事情，孩子都应该渐渐地走向独立，这样才能自觉地掌控人生。每一个人的人生，都不能只依靠着被动的力量推动前行，尤其是孩子正处于学习和成长的黄金时期，他们的人生就像是刚刚发射的火箭一样，需要火速向前。在这种情况下，如果孩子拥有内驱力，能够把自己的人生更好地向前推进，那么就会起到积极的作用。最重要的在于，孩子一定要认识到自己是人生的主人，也是命运的主宰，这样才能发挥积极主动的作用，最大限度满足人生的愿望。

做人要有底线，更要坚持原则

众所周知，哈佛大学是举世闻名的高等学府，无数年轻人都以能够进入哈佛大学学习为理想，也都以能够在哈佛大学学习为骄傲和自豪。有一天，哈佛大学里来了一对衣着朴素的夫妇，男士穿着价格便宜的西装，女士穿着褪色的棉布衣服。当这对夫妻出现在办公室并且请求拜见校长时，校长秘书无论如何也想不通他们与校长之间会有什么关系。

男士很有礼貌地对秘书说："对不起，麻烦您，我们真的需要面见校长。"秘书心中想着"你们这些乡巴佬，和校长能有什么关系呢"，嘴上说着："校长一整天都很忙，他的日程已经排满了。"女士看起来也非常和气，小声说："没关系的，我们可以等到校长忙完。"就这样，他们安静地站在门口等着，眼看着下班的时间要到了，秘书可不想让校长下班的时候被他们拦住，因而走到办公室里向校长通报："校长先生，外面有一对农村来的夫妇坚持要见您，已经在外面等了几个小时了。"校长听完秘书的话，根本没有欲望见到这对夫妇，但是他要下班就必须经过这对夫妇等待的地方，为此他只能极不情愿地见一见这对夫妇。

见到校长之后，女士似乎见到久违的亲人一般，眼睛里含着泪水告诉校长："校长先生，我们曾经有一个儿子，他是这个世界上最优秀的年轻人。去年，他还在这里读书，今年初，他却被一场疾病夺去了生命。我们的脑海中始终回想着他的音容笑貌，我们无法忘记他。所以，我和我的丈夫决定为他在这所他热爱的大学里建造一个纪念物，作为缅怀他的方式，也给学校贡献一份微薄的力量。"尽管女士在说话的时候始终眼含热泪，但是校长始终表现出一副不可一世的样子，似乎在说：

“哈佛的学子千千万万，如果每一个学子去世之后都要来建造雕像，岂不是要把所有的地方都占满了吗？”这么想着，校长冷漠地说：“对不起，夫人，我们的校园里不允许建造雕塑。”

听到校长的话，男士赶紧补充道：“我们不是要建造雕像，我们想为哈佛建造一座大楼，用以造福于其他学生，也缅怀我们的儿子。”校长简直要笑出声来，他当即很不礼貌地说：“我们的学校造价高达750万美元，凭着你们，怎么可能建造一座大楼呢？”听了校长的话，夫妻俩都陷入了沉默，校长如释重负：“这真是一对不知道天高地厚的家伙，居然要建造大楼，这下好了，他们一定被吓死了！”正当校长这么想着，女士对丈夫说：“建造一座大学居然只需要750万美元，既然如此，我们完全可以建造一所大学，以我们的儿子来命名啊！”听到这话，校长简直以为这对夫妇疯了。然而，几年之后，加州的斯坦福大学成立，这正是那对不起眼的夫妇建造的，用以纪念他们最优秀的儿子。

不得不说，这个事例中的秘书和校长，都犯了同样的错误，那就是以貌取人，对人缺乏应有的尊重。每个人都是社会的一员，在这个社会上生存，一定要端正心态，尊重他人，合理评价和平等对待他人。遗憾的是，现实生活中，很多人都陷入浮躁的状态，他们既不能遵循心的指导去尊重他人，也不能摆正自己的位置。在日复一日的浮躁状态之中，他们渐渐地迷失自我，也失去了在人生中正确的位置。

很多孩子都知道不要以貌取人的道理，然而在真正与他人相处的过程中，仍情不自禁犯下以貌取人的错误。在这样的状态下，人与人之间的关系就会变得很糟糕，因为人与人之间的很多感情和对待方式，都是相互的。所谓种瓜得瓜，种豆得豆，其实在人际关系中会有很典型的表现。一个大写的人，未必要以财富和权势证明自己的成功，而要以自己高贵的灵魂，以自己至高无上的荣誉，真正地收获他人的认可与尊重，也真正地征服他人，赢得他人的顶礼膜拜。

控制欲望，才能主宰人生

为了研究孩子们对于欲望的控制能力，美国大名鼎鼎的心理学家米卡尔曾经专门进行过一项实验。又因为这个实验是以糖果为介质进行的，所以这项实验也被称为“糖果实验”。

在糖果实验中，米卡尔选择的实验对象是一群年仅四岁的孩子。米卡尔把孩子们带入一个封闭的房间，然后拿出五颜六色的糖果，给每个孩子都发了一颗糖果。在这种情况下，米卡尔告诉孩子们：“糖果非常美味，但是我有事情要离开片刻。你们可以现在吃掉糖果，也可以耐心地等等我，等到我回来的时候再吃糖果，这样的话，我将会再奖励你们一颗糖果，你们就拥有两颗糖果了。”在确保孩子们都已经听懂他的意思之后，米卡尔离开了这个房间。在他离开的十几分钟时间里，通过对房间的监控设施，研究人员发现有大概三分之一的孩子当即就吃掉糖果，此外，还有一部分孩子虽然等待了一段时间，但是终究没有经受住糖果的诱惑，也吃掉了糖果。最后，还剩下一部分孩子，他们想出各种办法来抵制糖果的诱惑：有的孩子对着糖果做鬼脸；还有的孩子故意闭上眼睛，不再看着糖果；也有的孩子与同样坚持等待的孩子结成同盟，一起做游戏；有的孩子甚至假装睡觉。总而言之，这些绞尽脑汁抵制糖果诱惑的孩子，最终都成功地等到米卡尔回来，并且兴高采烈地得到了米卡尔额外奖励的糖果。

此后，研究人员针对这些孩子进行了跟踪调查，发现那些对于糖果的诱惑没有任何抵抗力的孩子，在社会生活中表现很差，他们优柔寡断，意志力薄弱，一旦遭遇小小的挫折就会彻底放弃努力。相比之下，那些能够抵制诱惑，坚决等到米卡尔教授回来的孩子们，则表现非常优秀。他们往往非常自信，充满力量，也能很好地融入社会生活，在遇到坎坷和挫折的时候，也绝不轻易放弃。由此，研究人员得出结论，能够控制欲望的孩子更容易获得成功，也拥有更强大的力量。

细心的孩子们会发现，古往今来，大多数成功者之所以能够获得成功，并不是因为独具天赋，也不是因为拥有超强的能力，而是因为他们都具有强大的自律力。面对目标，他们往往更加坚定不移，也可以有效控制自己的本能，战胜人性的弱点，从而让自己在现实生活中有更好的表现。

在日常生活中，普通孩子们之间表现得并无明显的差异；越是在关键时刻，孩子们的表现越是相差悬殊，也具有更强的参考性。那么，对于孩子而言，如何才能够强化自律力，从而主宰自己的命运呢？自律力并非天生的。最重要的在于，孩子们要对于结果有一定的认知，也要对于人生中的一切都有更深刻的理解和感悟。这样一来，孩子们才能权衡和比较，才能通过衡量不同的结果，作出相应的选择。其次，为了增强自己的意志力，孩子们还可以为自己寻找几个榜样。古今中外，有很多成功人士都是值得学习的，诸如李嘉诚、卡耐基、松下幸之助等，从他们身上，孩子们总能汲取积极的力量，也能够让自己不断地成长和成熟起来。最后，对于日常生活中经常发生的、必须去做的事情，孩子还应该养成习惯，这样在固定的时间就会做固定的事情，而丝毫不觉得有难度。当身心均已经习惯规律的作息生活，在这种情况下，孩子还可以有意识地发掘自身的潜力，从而给予人生更多的理性认知和规律。对于孩子而言，唯有控制自我，他们才能真正把握人生的主动权，才能真正驾驭自我，获得成功。

冲动是魔鬼，要学会自制

古往今来，历史上很多著名的事件都是因为冲动导致的。所以孩子们在成长的过程中，一定要戒骄戒躁，戒除冲动。实际上，在秦朝末年，刘邦的力量并非最强大的，但是刘邦情商很高，知人善任，因而能够卓有成效地调动天下的有才之士为自己所用，也因为善于笼络人心，所以刘邦得到了很多人才的帮助，最终才能形成楚汉争霸的局面。

在楚汉战争之前，相比起项羽，刘邦的实力还很弱，也可以说，刘邦根本不具备实力可以与项羽抗衡。然而，刘邦最大的好处就是虚心求教，任人唯贤。有一次，刘邦正在洗脚的时候，高阳人郦食其来拜访刘邦，准备为刘邦出谋划策。刚刚走进刘邦的门，他就看到刘邦正在洗脚，因而当即不悦地提醒刘邦要尊重长者。刘邦觉得郦食其说得很有道理，因而马上擦干净脚，穿上鞋袜，衣冠整齐地把郦食其奉若上宾。最终，刘邦采纳了郦食其的建议，攻打陈留，获取了秦国积蓄的粮草。

和刘邦比起来，项羽的情商极低，只能算得上是一个莽夫，而丝毫没有智谋可言。项羽不但莽撞，还很冲动，性格暴虐，杀人如麻，从来不会心慈手软。此外，项羽还疑心病重，哪怕对于自己身边的人，都不能完全信任。在鸿门宴上，范增建议项羽杀死刘邦，但是项羽因为一时心慈手软，放虎归山，导致刘邦成为他的心头大患。不得不说，项羽最终落得乌江边自刎的下场，是必然的结局。

古今中外，有很多名人都因为冲动，做出让自己懊悔万分、追悔莫及的事情。为了控制好情绪，每个孩子都要学会隐忍。所谓隐忍，并不是一味地忍耐，也不是完全忽略自己的真实想法，而委曲求全。隐忍是为了顾全大局采取的策略，是为了实现更远大的目标采取的权宜之计。古人云，小不忍则乱大谋，正是告诉人们每个人都要学会隐忍，才能在必要的时候潜伏下来，才能为了长远计划而忍得一时之气。

很多孩子都误以为克制是软弱无能的表现，实际上，克制的人非但不是软弱无能，反而有勇有谋，所以才具有非同寻常的力量。从本质上而言，克制就是一种力量，因为一个人如果能够很好地控制自己，他就是自由的人；一个人如果拥有克制的思想和行为表现，他就是拥有强大力量的人。在这个世界上，绝对的自由根本不存在，每个人所享受的自由，都是在纪律、规范和道德约束下的自由。所以当一个人表现出隐忍和克制，恰恰不意味着他是怯懦无能的，而意味着他是勇敢无畏的，也是坚定不移向前的。拿破仑曾经说过，一个人唯有拥有超强的自控能力，才能努力地掌控自己，才能战胜自己，征服这个世界。

通常，大家以为男孩更需要控制自己的情绪，因为在大多数人的印象中，男孩往往是更容易冲动行事，也更加情绪化的。其实，不管是男孩还是女孩，都需要控制好自己的情绪，才能带着好心情面对工作和学习。此外，控制好情绪不但可以避免误伤他人，还可以给自己也带来好心情，可谓一举两得。当发现自己陷入坏情绪之中时，孩子们还应该掌握很多好方法，从而有效地避免被情绪误伤。例如，当情绪特别冲动的时候，不如采取注意力转移法，很多情况下一旦能够暂时转移注意力，注意力的怒火就不会那么灼灼燃烧。其次，当因为别人的错误而怒不可遏时，设身处地为他人着想，站在他人的角度考虑问题，这些都是平息怒气的好办法。总而言之，人非圣贤，孰能无过，我们既要宽容自己，也要宽容他人，这样才能在必要的情况下最大限度地平复心情，始终保持情绪的平静和愉悦。

每个人都要对自己的行为负责

作为美国大名鼎鼎的石油大亨，盖蒂的名字无人不知，无人不晓。很多人只看到了盖蒂的风光和事业上的成功，却不知道盖蒂曾经是一个不折不扣的大烟鬼，对于香烟总是没有抵抗力。

有一次，盖蒂出差的时候路过一个小城市，因为当天在下雨，路况不好，他临时决定在这个小城市投宿。他找了一个小旅馆住下，因为太疲惫了，他刚刚来到旅馆，躺在床上，就马上进入昏昏沉沉的睡眠。这一觉一直睡到半夜才醒来，盖蒂下意识地就去摸床头柜，那里放着他的烟盒。然而，盖蒂摸到烟盒之后心中一紧：烟盒居然是空的，这怎么可能呢？盖蒂认真想了想，才记起自己在入睡前抽了最后一颗烟。盖蒂难受极了，他恨不得第一时间就要抽到香烟，然而他找遍了所有的地方也没有找到任何一根香烟，越是求之不得，他就越是烟瘾大发，无法控制自己想抽烟的欲望。最终，盖蒂决定穿好衣服，冒着大雨去相隔两个街区的火车站附近二十四小时营业的便利店购买香烟。正当盖蒂穿好衣服准备出门的时候，他突然站住了，默默地问自己：我这是想要做什么？我虽然事业有成，也拥有很多的财富，却成为香烟的奴隶。这是一个陌生的城市，此时此刻正是半夜，而且在下着瓢泼大雨，我难道为了抽到一根香烟就要不顾生命安危，去情况复杂的火车站附近购买香烟吗？这么想来，盖蒂似乎下定决心一般，把空空的香烟盒狠狠地揉皱，扔到屋角的垃圾桶中。做完这一切，盖蒂觉得非常轻松，似乎因为战胜了自己，而有了很大的成就感。他迅速脱掉衣服，回到温暖的被窝，很快就进入了香甜的睡眠。从此之后，盖蒂彻底戒掉抽烟的坏习惯，再也没有为了想要抽烟而陷入困惑之中。

一个人如果不能控制自己的欲望，就根本不可能战胜自己，更不可能战胜整个世界。每个孩子都要先约束自己，也要以强大的力量为自己的所作所为负责，才能在各种情况下成为自己的主宰，才能真正把握命运，主宰人生。很多人自诩为人生的强者，却总是被各种各样的欲望驱使着，忘却本心，导致在人生之中陷入被动的状态。在这样的情况下，人生当然会陷入困境之中，也会因为对于自己的无能为力而导致人生疲软。

孩子从呱呱坠地开始，就彻底脱离母体，作为一个独立的生命个体，开始了神奇的人生之旅。在襁褓期，孩子需要在父母的照顾下生存，吃喝拉撒都需要依靠父母无微不至的照顾。随着渐渐成长，孩子的心智越来越成熟，他们与父母之间的关系也渐渐疏离，至此，他们要开始学习独立地面对生活和外界的一切，也渐渐地承担为自己的行为负责的责任。

孩子的成长是以什么为标志的呢？对于孩子而言，并非长得又高又大就成熟了，也不是说起话来头头是道就成熟了。真正的成熟，是心智成熟，是孩子能够对自己的行为负责。在这种情况下，孩子们才能更加理性地面对人生，在人生的抉择中作出正确的选择。

第05章

敢于质疑：打破常规才能解开束缚

对于孩子而言，最重要的在于打破常规，拥有创新性。创新，不但是孩子成长和发展的动力，也是整个民族和国家不断向前发展的推动力。在传统的教育模式下，很多孩子都养成了唯唯诺诺的坏习惯，总是被动地接受知识，而缺乏自己的思维。因而孩子一定要敢于质疑，要敢于打破常规，才能挣脱思想上的束缚，才能最大限度满足自己对人生的憧憬和渴望，也卓有成效地实现自己的梦想和理想。

改变思路，让难题迎刃而解

如今，很多时尚的年轻人都喜欢穿李维斯牌的牛仔裤。实际上，李维斯牌牛仔裤的诞生纯属偶然，是善于变通、懂得创新的李维斯在淘金不成之后，才创造出来的。不得不说，李维斯牌是李维斯真正的金矿，带给李维斯源源不断的财富。

当年，美国西部兴起了一股淘金热，很多人都怀揣着淘金的梦想，赶往美国西部。李维斯也是淘金队伍中的一员，然而在赶往西部的路程中，他被一条大河阻挡了前进的脚步。他就守着大河冥思苦想，却没有找到渡河的方法。眼看着和他一样被大河阻挡的人越来越多，他灵机一动，想到自己可以摆渡，帮助人们渡河，一定也会生意火爆。为此，他当机立断买来船只，专心做起了摆渡的生意。由于当时正值淘金热潮时期，所以每个人都急于过河去淘金，为此虽然李维斯收取的费用很高，人们也很慷慨地掏钱渡河。就这样，李维斯赚取了人生中的第一桶金。后来，随着需要渡河的人越来越少，李维斯渡河的生意也渐渐冷清下来。这个时候，李维斯决定结束渡船的生意，前往西部淘金。

到了西部，李维斯发现淡水很珍贵，因而做了一段时间淡水生意。

后来，因为淡水生意被人抢走，他不得不改行开始收集旧帐篷，从而把回收的旧帐篷做成衣服，卖给淘金的人穿。旧帐篷制成的衣服很耐磨，所以淘金的人很爱穿。渐渐地，李维斯成立了公司，专门用制作帐篷的布料制作衣服，最终成为在全世界都很有名的“牛仔大王”，他制作的牛仔服装也受到了全世界人的追捧和喜爱。

不得不说，李维斯是一个思路灵活的人，所以他在面对很多困境的时候，才能机智灵活地作出应对，才能果断地抓住千载难逢的好机会，赚得盆满钵满。在去西部淘金的路上，他因为被大河拦住去路而做起渡河生意，在到达西部之后，他发现淡水很抢手又做起淡水的生意，后来淡水的生意做不成了，他就开始回收旧帐篷做衣服卖。相比起那些一门心思只想着淘金却最终毫无收获的人，李维斯无疑收获很多，而且由此创办了属于自己的品牌，拥有了真正属于自己的金矿和财富源泉。

在这个世界上，真正的聪明人都是懂得变通的。他们固然要奔着目标不断前进，但是也能够与时俱进，根据现实的情况随机应变，作出理性的决定和机智的改变。正因为如此，他们才能看到大多数人都视而不见的机遇，也能真正抓住机会，卓有成效地发展自己。

对于孩子而言，最重要的就是要形成发散性思维，这样才能在被很多难题逼入死角的时候，及时地改变思路，调整思路，做到与时俱进，勇于创新。这是因为真正局限我们的不是难题，而是思想。所以唯有真正改变思想，把创新性解决问题的思路发扬光大，才能卓有成效地突破困境，也让学习和生活都进入崭新的境地。

要敢于质疑权威

作为世界上大名鼎鼎的指挥家，小泽征尔在音乐方面颇具才华，而且具有自信，敢于挑战权威。有一次，小泽征尔参加世界优秀指挥家大赛，经过层层选拔，他进入了决赛。

在决赛中，小泽征尔出场的顺序靠后，等到小泽征尔正式出场的时候，很多参赛选手都已经参加完比赛。小泽征尔并不着急，拿到乐谱之后，他气定神闲地开始指挥。当演奏进展到一半时，小泽征尔敏感地发现乐谱中有不和谐的音符存在。起初，他误以为是乐队的演奏有问题，因而当即指挥乐队停止演奏。小泽征尔是一个追求完美的人，在经过调整之后，他又指挥乐队继续演奏。然而，当演奏进行到一半的时候，小泽征尔依然听到刺耳的音符。这一次，他确定乐队的演奏没有问题，那么只能是乐谱出现问题。为此，小泽征尔认真地检查乐谱，这才发现乐谱的确有问题。他当即把情况向大赛组委会反应，组委会的成员和诸多的评委，全都认为小泽征尔错了。在这么多的权威面前，小泽征尔没有慌乱，而是继续坚持自己的意见，认定乐谱有问题。就在小泽征尔的坚持声中，大赛组委会的成员们全都给予了小泽征尔热烈的掌声。原来，这是大赛组委会精心设计的陷阱，目的就在于审查指挥家的音乐敏感性，也考察指挥家在权威面前能否坚持自己的判断，不畏惧权威。

就这样，小泽征尔赢得了大赛的冠军，成功地摘取了桂冠。从此之后，小泽征尔声名大噪，在指挥方面取得了长足的发展，也为自己在音乐领域的发展奠定了良好的基础。

如果小泽征尔缺乏自信，也不敢挑战权威，那么在面对诸多权威的质疑时，他很难坚持自己的判断，也无法坚定地认定是乐谱出现了问题。正是因为小泽征尔拥有自信，也相信自己的判断，所以他才能坚持自我，不畏惧权威，才能在比赛中成功地挑战自我，获得成功。

世界上的万事万物都处于发展和变化之中，孩子的能力也在不断地发展。在成长的过程中，孩子既要做到虚心求教，也要做到相信自己的判断，坚持自己的判断，这样才能最大限度地激发自己学习的动力，从而既接受知识，也能够激发出自己的自主性和创新性。总而言之，孩子必须有勇敢创新的精神，才能坚持学习和进步。否则，如果总是迷信权威，没有自己的想法，那么只能接受知识的灌输，也很难在学习方面有所突破和进步。

孩子要想拥有创新能力，就要多多提问。正如很多孩子都喜欢看的《十万个为什么》一样，孩子们也要不停地问自己为什么，才能激发自己的思路，开拓自己的思维，从而让自己富有学习的动力。在学习的过程中，当遇到权威的时候，如果有疑问，也要大胆地提问出来。诸如很多孩子总觉得老师说的一切都是对的，殊不知，老师不是神仙，也不是无所不知的上帝，他们也会有犯错误的时候。当孩子觉得老师所教授的知识未必完全正确，那么可以询问老师，与老师共同探讨。还有些孩子迷信书本，总觉得书本中所写的都是对的。殊不知，尽信书不如无书，如果孩子不能打破书本的禁锢，放飞思维，那么孩子很容易受到书本的局限，导致学习上也面临困境。

一切的理论知识都需要实践作为检验，当孩子迷信理论知识，而把理论脱离实践的时候，就很难深入了解相关的理论知识，也根本无法把知识转化为实际生活的能力。所以在学习的过程中，孩子们更要理论结合实践，才能最大限度验证自己所学的知识是否正确，才能在理论结合实践的过程中，更深入地了解知识，从而为自身的发展奠定坚实的基础。

思想有多远，人生就能走多远

作为美国大名鼎鼎的科普作家，阿西莫夫从小就聪明机智，还在智商测试中得到了很高的分数。为此，年纪轻轻的阿西莫夫未免觉得骄傲，甚至认为自己是天才。他常常炫耀自己的智商，也以此为自己的骄傲和荣耀。直到有一次，阿西莫夫被一个修理工“修理”了，他才意识到人外有人，天外有天，如果一个人被思想禁锢，那么人生就很难有长足的发展。从此之后，他非常谦虚，也总是有意识地开阔自己的思路，最终成为有所成就的科普作家。

被“修理”的那一次，阿西莫夫原本是去修车行修车的。因为阿西莫夫经常光顾修车行，所以他与那里的修车工已经非常相熟了，彼此说话也很随意。看到阿西莫夫去了，修车工笑着对阿西莫夫说：“博士，您来啦，我正好有个问题想要请教您，看看您是否能够顺利回答出来吧！”阿西莫夫不以为然地说：“当然没问题，我对问题来者不拒，你快说吧。”修车工说：“一个聋哑人去了五金商店，对着售货员比划，把左手的两个手指竖立在柜台上，把右手做成锤子的形成，对着左手的手指敲击。为此，售货员为他拿来锤子，他却摇摇头，用右手指了指自己左手的两个手指。售货员当即心领神会，为聋哑人拿来钉子。聋哑人买好钉子离开后，没过多久，有一位盲人也来到五金商店。这个盲人想买剪刀，那么他应该怎么办呢？”阿西莫夫不假思索地竖起两个手指，比划成剪刀的样子。修车工哈哈大笑起来，说：“哈哈，博士，你也回答错误。盲人不是聋哑人，只需要告诉售货员他要买剪刀就可以啊，这是多么简单的问题，对不对？”阿西莫夫不得不承认自己的确很愚蠢，为何在思维定式的影响下就没有想到盲人是可以说话的呢？

当陷入思维定式的怪圈，人就会受到思维的禁锢，很难让自己的思维天马行空，无拘无束。在这个事例中，阿西莫夫也许的确很聪明，能够回答很多疑难的问题，但是他被这个非常简单的问题难住了，其实他是输给了自己的思维。如果他能够打破思维，有效地挣脱思维的枷锁，那么这个问题就变得非常简单。

有人说，人最大的敌人就是自己，看起来这句话毫无道理，因为人是不可能与自己为敌的，也不可能自己打压或者禁锢自己。实际上，人恰恰就是自己最大的敌人，正如一首古诗所说，“不识庐山真面目，只缘身在此山中”。人，尽管最熟悉自己，其实也对自己最陌生。这是因为人们无法从自身的局限中跳脱出来，客观地看待自己，在这种情况下，人对于自己未免有失公正，对于人生也会有很多无奈和局限。

人对自己的限制和禁锢，主要体现在思想方面。思想能走多远，人生就能走多远，因而孩子们要想获得长足的发展，让自己有机会展翅翱翔，就要打破思想的禁锢，让自己的思想长出翅膀，勇往直前。很多孩子都喜欢看奥运会比赛，那么就会知道，在赛场上，每一个运动员都以打破前人的纪录为自己最大的荣誉。他们长期坚持锻炼，先是想方设法突破自身的局限，然后又努力地打破前人的纪录。通常情况下，那些能够打破自我纪录和前人纪录的运动员，都是在思想上有正确认识，也相信自己的确能够突破纪录的运动员。反之，如果运动员总是自我局限，从来不认为自己能够突破自我，或者打破前人的纪录，那么他们根本无法真正创新。

孩子们要想摆脱思想的禁锢，首先要端正态度，形成正确的思想意识。否则，如果从思想上首先禁锢了自己，总是否定自己，也不相信自己，如何能够激发出自身的所有力量，卓有成效地提升和完善自己呢？

孩子们一定要记住，思想有多远，人生就能走多远，唯有摆脱思想的禁锢，才能越来越接近成功，唯有真正摒弃错误的思维方式，才能随着形势的改变不断地调整思维，也真正地有所成就。

为了锻炼自己的思维能力，孩子们可以多多阅读童话等书籍，这样才能张开想象的翅膀，让自己的思维无拘无束，不受禁锢。此外，很多孩子之所以自我禁锢，是因为缺乏信心，总是陷入自卑的怪圈之中无法自拔。在面对看似有难度的任务时，孩子们还要坚持尝试，这样才能在不断尝试的过程中汲取经验和教训，才能踩着失败的阶梯不断进步，为自己的成长奠定坚实的基础。尤其是在学习的过程中，最关键的在于，孩子们还要拥有质疑的能力。既不要盲目地迷信老师，也不要盲目地迷信书本，而要在虚心学习的同时，坚持学习，也在有疑惑的时候，努力地反思和求证，这样才能在学习上事半功倍，效率倍增。

拥有创新意识，让学习事半功倍

战国时期的孙阳是一个技艺高超的相马专家，他只需要看马一眼，就能判断马的优劣，为此，孙阳获得了“伯乐”的称号，很多人都特意邀请孙阳为他们相马。孙阳声名大噪，成为方圆几十里地不折不扣的相马专家，美名远扬。为了能够把相马的技艺传承下去，孙阳还耗费大量的时间和精力，写了一本《相马经》，目的就在于为同样想学习相马的人传授经验，给予他们切实有效的指导。孙阳创作《相马经》时非常用心，不但有详细的文字记录，还精心配图，画上了栩栩如生的千里马，尤其刻意表现出千里马具有的与众不同的特点。

孙阳的儿子看到父亲这么受欢迎，受尊重，也对于相马产生了浓厚的兴趣，因为他想成为和父亲一样的人。为此，儿子主动学习《相马经》，并且把父亲在书本里讲授的内容全都牢牢地记在心里，做到了倒背如流的程度。儿子觉得自己已经可以出师了，因而兴致勃勃告诉父亲：“父亲，我已经把《相马经》倒背如流了。我可以继承你的衣钵，出去寻找千里马了。”孙阳当即对儿子说：“好吧，你先去找一匹千里马回来，我才相信你的眼力。”儿子丝毫不觉得这个任务困难，而是高兴地接受任务，就马上离开家踏上寻找千里马的旅途。为了不出错，儿子还把《相马经》带在身上。然而，他走遍了很多地方，见到过很多马匹，从未觉得有任何马匹符合父亲在《相马经》中列举的千里马的特征。例如，《相马经》中说千里马要额头凸起，双眼凸起，四个蹄子就如同酒瓶底子一样厚厚的，然而，儿子仔细观察每一匹马，没有任何马能够同时符合这三个条件。有一天，儿子走累了，坐在池塘边休息，突然发现有只癞蛤蟆正趴在荷叶上瞪着鼓起来的大眼睛看着他。儿子认真观察，觉得癞蛤蟆的确是额头凸起，眼睛凸起。但是很遗憾，癞蛤蟆的四个蹄子并没有像酒瓶底子一样那么厚。儿子思来想去：找了这么多，也就这种动物最像千里马，四个蹄子不像就不像吧，说不定它是千里马中的另类呢！这么想来，儿子高高兴兴地用衣服把癞蛤蟆包裹起来，就带着癞蛤蟆回家了。

看到儿子找来的“千里马”，孙阳忍不住哈哈大笑。他问儿子：“你找到的这匹千里马，能让人骑着一日千里吗？”儿子看着癞蛤蟆，这才意识到癞蛤蟆根本不能骑，那又算什么千里马呢？儿子羞愧得抓耳挠腮，父亲说：“你呀，就算已经把《相马经》倒背如流了，也并没有真正了解《相马经》所说的意思。这样生搬硬套，是找不到千里马的。”

在这个事例中，儿子为了早日继承父亲的衣钵，成为像父亲一样受人尊重和敬仰的人，所以主动学习《相马经》，而且把《相马经》记得烂熟于心。然而，这样的记忆对于学习相马根本没有任何好处，反而有可能导致生搬硬套相马知识，甚至连马到底是什么样子的，都不知道。看完这个故事，也许有些孩子觉得故事情节失真：孙阳的儿子怎么可能连马都不认识呢？的确，孙阳的儿子应该是认识马的。但是，这个故事的本意并不在于验证孙阳的儿子是否真的认识马，而是想要告诉我们，做任何事情，按图索骥是行不通的。

在学习的过程中，很多孩子也会无意间犯下按图索骥的错误，他们或者过分相信书本上的知识，或者过分相信老师所讲授的知识。在这种情况下，他们只能照搬书本，迷信老师，而这些坏习惯对于学习根本没有任何好处。要想在学习上事半功倍，孩子们一定要拥有创新意识。所谓创新意识，就是让孩子充分发挥想象的力量和作用，从而对于自身的成长起到积极的推动作用。创新不但对于孩子的个人发展至关重要，而且对于人类社会的进步、整个民族的进步，都起到举足轻重的作用。

在学习的过程中，孩子们一定不要生搬硬套书本上的知识，如果总是对于书本上的知识盲目迷信，那么就无法卓有成效地加工知识，也无法把书本上的知识变成自己的知识，更无法借助于知识的力量获得成长。大文豪高尔基说，学习不能只是模仿，否则就没有科学和技术。这正说明了创新的重要性，也告诉我们唯有创新，才能不断地成长，才能推动自己和整个时代都努力地向前发展，坚持进步，坚持创新。

创造力，是人类进步的永动力

1899年，爱因斯坦还在瑞士，是苏黎世联邦工业大学的学生，跟随大名鼎鼎的数学家闵可夫斯基学习。在经过一段时间的学习之后，爱因斯坦觉得非常迷惘和困惑，不知道人生接下来的路应该怎么走。在这种情况下，爱因斯坦问闵可夫斯基："老师，我虽然喜欢科学，却不知道怎么做才能在科学的道路上有所成就，也在科学的历史长河中留下我深刻的足迹。"闵可夫斯基对于爱因斯坦这个深刻的问题没有当即回答，而是表示要思考一下，再认真回答。

转眼之间，三天的时间过去了，闵可夫斯基特意来回答爱因斯坦的问题。他并没有说什么，而是带着爱因斯坦来到学校附近的建筑工地上，并且让爱因斯坦踩在建筑工人刚刚铺好的水泥地上。水泥地还很湿润，为此爱因斯坦刚刚站到水泥地上，工人们就马上指责爱因斯坦，并且要求爱因斯坦立刻离开水泥地。爱因斯坦平白无故受到指责，觉得非常委屈，因而问老师："老师，您明明知道水泥地是刚刚做好的，还没有干透，会留下足迹，为何还要让我踩在水泥地上呢？"闵可夫斯基笑着说："当然，我是故意这么做的，因为这就是我给你的答案。你想明白了吗？"爱因斯坦刚刚被工人斥责，还怒气冲冲的，根本没有静下心来思考老师想要告诉他的答案。闵可夫斯基见状，继续启发爱因斯坦："看看吧，如果踩在已经干透的水泥地上，你很难留下脚印，而唯有在这样还没有干透的水泥地上，你才能轻松地留下脚印。"爱因斯坦恍然大悟，从此之后，他把更多的时间和精力用于全新领域的科学研究，因为只有不断地开拓创新，他才能在科学的道路上留下自己鲜活的脚印。

爱因斯坦领悟到闵可夫斯基对他的启迪，也意识到只有在没有前人走过的道路上，只有在全新的领域，才能留下自己鲜活的脚印。所以他才更加关注从未有人涉足的领域，也全心全意开拓新的科学领域。正是因为如此，爱因斯坦才能在科学领域获得巨大的成功，才能在走过科学的道路之后，留下自己深刻的足迹，也给后人留下可以借鉴的科学成果。

一个人，要想留名青史，就必须成为某个领域或者某个行业的佼佼者。否则，如果总是踩着前人的脚印往前走，则很难留下深刻的印记。对于孩子而言，在学习的道路上，最重要的就是不断地开拓创新。在小时候，孩子对于学习也许只是被动地接受各种知识，而随着年纪的不断增长，孩子渐渐长大，他们对于学习就要以主动思考，勤于创新为主，唯有如此，他们才能开拓自己的学习道路，才能最大限度实现自己的人生梦想。在学习创新的过程中，孩子们还要勇敢地争取第一。古往今来，人们对于各个领域的佼佼者，尤其是第一名，总是印象深刻。例如，人们记得第一个登上月球的人，知道第一个登上珠穆朗玛峰的人，也记得在奥运会上获得第一名的运动健儿。相比之下，虽然第二名的成绩和第一名相差无几，却不会有第一名的风光和荣誉。所以如果能力允许，我们一定要勇敢地争取第一名，也把自己的名字深刻地镌刻在历史的长河中。

当然，这并不意味着唯有第一才是值得骄傲的。虽然人人都想争第一，但是能够站在金字塔尖的人毕竟是少数。如果能力限制使我们不能争得第一，那么我们也可以退而求其次，成为自己的第一。所谓成为自己的第一，就是努力发挥自身的能力，让自己比起昨天来有进步，这样才能不断地激发出自身的潜能，也最终能够成就最优秀的自己。

对于创新的理解，不要过于狭隘，也不要总是有太大的局限。打破前人的经验去思考和创造，是创新；突破自我的禁锢和局限，也是创新。对于每个孩子而言，只要拥有创新的意识，形成创新的好习惯，总是能够不断地奋发向前，就能够有所突破和创新。古今中外，无数的成功人士之所以能够有所成就，留名青史，就是因为他们始终敢于创新，坚持创新，也能够勇敢地当第一个吃螃蟹的人，绝不因循守旧。作为真正的创新者，孩子们一定会在进步的道路上遥遥领先，快人一步。

成长中，你必须应对猝不及防

美国作家海明威很善于写作小说，他的《老人与海》更是举世闻名的著作。为此，海明威常常有机会与很多作家聚会。当然，在聚会的过程中，海明威常常遇到自己不喜欢的人，但是他并不懊恼，而是以自己的方式处理好人际相处问题。对于他人给自己抛出来的“炸弹”，尽管猝不及防，海明威并不慌张，一切的事实都证明，他有能力处理好这一切。

有一次，海明威在参加聚会的时候，碰到非常讨厌的一位心思狭隘的作家。那位作家尽管很崇拜海明威，却借助于奉承海明威的机会自我吹捧。海明威想方设法地躲开这位作家，但是这位作家就像个跟屁虫一样紧跟着海明威，海明威碍于面子又不好直接拒绝这位作家的交谈，因而只好勉为其难地让自己的耳朵受苦。说着说着，这位作家终于说出了自己的打算，原来他想有机会给海明威写传记。海明威听到作家的这个请求，就如同抓住了救命稻草一般，赶紧委婉地对那位作家说：“一般写传记都要等到生命结束之后，既然你想为我写传记，我想我一定要努力多活一些年。”那位作家听懂了海明威的拒绝之意，赶紧告别海明威，去找别人继续吹嘘了。

海明威非常灵活机智，所以才能最大限度地应对这些突发情况。否则，如果他很生硬地拒绝作家交谈的请求，则会无形中得罪作家，也导致人际关系恶劣。幸好作家最终说出了自己的想法，而海明威则立即抓住这个机会给予作家明确的暗示。这样的委婉圆融，一则保护了作家的颜面，二则也达到了海明威拒绝的目的，可谓一举两得。

成长是一个不可预期的过程，很多孩子面对成长的过程，总是感到猝不及防，这是因为他们没有作好心理准备面对成长过程中的突然袭击，也没有足够的从容对于成长中的突然袭击气定神闲。实际上，人生原本就充满无限的可能性，也会面临很多不可预测的情况。正如人们常说的，人生是一场没有归途的旅程，也许有很多人对于人生都有预见，但是人生并不会按照人们所预想的那样向前发展。对于孩子，人生同样如此，在孩子的成长过程中，他们总是要面对各种各样的意外和突发情况，唯有做好预案，才不会在情况发生的时候感到猝不及防。

每一个孩子的心理承受能力都有限，毕竟人生经验的限制让他们没有多余的时间和精力，面对人生中各种糟糕的情况。然而，笨鸟先飞，未雨绸缪，都可以帮助孩子更好地规划好人生，也可以帮助孩子从容地应对人生。最重要的是，孩子要内心淡然，才能更加果断理性地面对成长。古往今来，无数成功人士并非因为得到命运的青睐才能获得成功，例如，伟大的数学家华罗庚小小年纪就辍学在家，后来又因为患了严重的伤寒导致左腿严重残疾，这一切都没有让他屈服于命运，相反，在战胜伤寒之后，他更加努力学习，最终才能成为了不起的数学家。再如，霍金从小就身患疾病，但是他身残志坚，所以才能成为整个世界的宝藏。总而言之，面对命运的坎坷和挫折，每个人都一定要更加努力，才能在成长的道路上不断地向前。否则，如果遇到小小的困难、坎坷和挫折，马上就感到气馁，就想要放弃，则根本无法超越困境，获得最终的成功。

还需要注意的是，成长的过程贯穿在人的生命之中，所谓成长，并非仅仅局限于孩童时代的成长。很多情况下，成人也同样面对着成长。人生的道路，总是不断地向前延续，不断地延伸下去，在这种情况下，每个人都要努力调整好心态，才能从容果断地面对命运赐予的一切，才能在战胜命运磨难的过程中，不断地崛起，让人生拥有更值得期待的未来。

当然，要想面对成长的突然袭击、人生中的突发情况，最重要的就是培养自己的应变能力。所谓应变能力，指的是当外界的很多事情发生改变的时候，作为生命主体的人能够及时果断地作出正确的反应，也能够有效地维护自身的利益，给予自己的人生更多成长的可能性。如今，整个社会都处于飞速发展之中，一切事物都在日新月异地变化，一个人如果总是墨守成规，就很难真正地成长起来。正如人们常说的，人生如同逆水行舟，不进则退，任何情况下，要想在社会上立足，要想让自己能够从容应付人生中的所有突发情况，就要有意识地提升和完善自己，就要让自己更加坚定从容。

孩子们要想培养自己的灵活应变能力，可以从以下几个方面做起。首先，要拓宽自己的人生经验，多多经历一些事情，或者通过读书等方式开阔自己的眼界。很多孩子之所以在面对突发情况的时候手足无措，是因为他们缺乏人生经验，也不能在人生中的很多临时事件发生的时候，第一时间就作出正确反应。所谓不经历无以成经验，这告诉人们，每个人都必须亲身经历，才能获得更丰富的经验，更深刻的感悟，才能给予自己切实有效的指引。其次，孩子们还要多参加一些具有难度的活动，尤其是一些挑战性活动，要勇敢地去尝试，敢说，敢去经历。通常情况下，所谓挑战指的是做超出自己能力的事情。人生之中，有很多事情都是突然发生的，不可预期的，当接受挑战的时候，孩子们就有更多的机会遇到突发事件。在挑战的过程中，孩子们也会心思灵活地变通，根据自身的情况有区别地对待一切事情。对于孩子们而言，这正是难得的历练，也会让孩子们在见多识广之后，对于很多突发情况不那么犹豫不决。最后，每个人都是社会的一员，都要融入社会生活中，与人友好相处和交往。尤其是很多突发情况，也是在人际交往的过程中发生的，在这种情况下，如果孩子能够多多参与集体生活，结识更多的陌生人，也在人际交往中承受更多的突发情况，那么他们的应急反应能力就会大大增强。

总而言之，对于孩子的成长而言，应变能力是必须具备的基本素质。现代社会瞬息万变，万事万物都处于日新月异的发展和变化之中。每个孩子要想成功地主宰人生，让人生更加充实而又精彩，就要有意识地培养自己的应变能力，也在生活之中卓有成效地锻炼自己，历练自己，锤炼自己。唯有如此，孩子们才会更加理性从容，也会灵活机智地应对人生中的各种情况。

第06章

诚实守信：你的诚实远比成绩重要得多

古往今来，中华名族都是很讲究诚信的。一个人要想立足于世，就必须信守承诺，把诚实作为立世的根基。当诚信成为为人处世的习惯，每个人都会从中受益匪浅，也会真正让自己傲然屹立于世。否则，一旦失去诚信的品质作为为人处世的根基，一个人就会如同大树扎根不稳一样，在社会上处境艰难。尤其是孩子，更要从小培养自己诚实守信的品质，才能健康茁壮地成长，成为对社会有用的人，也积极地创造人生的价值。

做一个诚实的好孩子

对于孩子而言，诚实是非常优秀的品质。如果孩子总是撒谎，那么他们最初因为撒谎而生的羞耻感就会消失，他们甚至会更加热衷于撒谎，而完全不觉得耻辱。在这种情况下，孩子的品质就会更加恶劣，孩子也会因此陷入成长的困境，无法健康快乐地成长。

每个孩子都处于形成各种观念、意志和品质的关键时期，因而养成诚实守信的优秀品质，对于孩子而言非常重要。孩子的成长是一个漫长的过程，必须在各个方面都努力提升自己，才能打造自己的优秀品质，也让自己像一棵扎根深稳的大树一样，能够傲然屹立。有关诚实守信的故事，很多孩子在语文课本上都曾经学习过，那么也应该知道诚实对于孩子成长的重要性。只有诚实的人，才能肩负起人生的重任，才能在人生的道路上不断前进，茁壮成长。否则，如果孩子的根原本就歪了，那么对于孩子而言，如何能够更好地发展和成就自己呢?

有一位伟大的人物曾经说过：一个人在独处的时候，更能够彰显他优秀的品质。的确，在与他人相处的时候，一个人会受到各种各样的约束，也会为了维护自己的形象，刻意地表现更好。然而，在自己独处的时候，人的本性就会表现出来，也会变得更加自由和随性。所以孩子要有诚实的品质，不仅要在他人面前表现出诚实，更要在独处的时候也依然坚持诚实的原则，这样才能最大限度铸就自己的优秀品质，才能更好地立足于社会。

对于每个孩子而言，诚实都是一生之中最重要的资本。人生而平等，不管孩子是出生在富裕的家庭中，还是出生在贫穷的家庭中，他们的人格都是平等的，他们的优秀品质也必将为他们增光添彩。从这个角度而言，每个孩子都要努力提升自己的品质，铸就自己的诚信，这样才能更好地立足于世，也在人际相处中赢得他人的认可和肯定，为自己赚取好口碑。

用诚信建立自己的口碑

秦朝末年，季布是出了名的大好人，他为人热诚，尤其喜欢帮助别人。最重要的是，他信守诺言，对于自己答应别人的事情，哪怕再难，也会努力做到，兑现诺言。为此，很多人都对季布交口称赞，非常敬仰。

后来，季布追随项羽，和刘邦作战。在季布的出谋划策之下，项羽几次战胜刘邦。然而，因为项羽刚愎自用，生性多疑，最终还是败给了刘邦。刘邦登上皇位之后，对于曾经给刘邦立下汗马之劳的季布怀恨在心，还发布了通缉令，四处缉拿季布。得知季布被刘邦全城通缉，很多曾经受过季布恩惠的人，全都暗中帮助季布，想方设法帮助季布躲避刘邦的追杀。后来，季布乔装打扮，来到一户人家里帮佣。这家人明明知道季布是刘邦的通缉犯，还是收留了季布，并且想尽办法帮助季布。这户人家的朋友夏侯婴就在洛阳，也与刘邦能说得上话，为此他们就拜托夏侯婴劝说刘邦不要通缉季布。在夏侯婴的鼎力劝说下，刘邦取消了对季布的通缉令，后来还封季布当河东太守。

季布为何拥有这样的好运气，处处得到人们的帮助呢？究其原因，就在于季布信守诺言，在自己平安无事的时候，总是拼尽全力地帮助他人，从来不吝啬付出。正是因为季布言而有信，所以才能得到朋友的热心帮助，才能得到人们的敬重。

所谓得道多助，失道寡助，每个人在生活中都要信守承诺，才能得到人们更多的帮助，才能够得到真正的友谊，和大多数人真心相待。反之，假如一个人在与人相处的时候总是抱着想占便宜的心理，为了眼前的蝇头小利就置朋友的情谊于不顾，在这种情况下，他很容易失信于人，也在他人的心目中失去威信。实际上，每个人要想立足于世，都离不开朋友的帮助，都需要朋友的鼎力相助。既然如此，为了小小的利益而对朋友食言，失去朋友的尊重和信任，就完全是得不偿失的行为。

看到这里，也许有些孩子会感到困惑：什么叫作失信于人呢？如果一个人能力不足，在答应别人某件事情之后，又无法做到，也是失信于人吗？的确如此。一个人如果自知能力不足，却总是轻而易举地答应别人的请求，那么这种情况下就是失信。人，贵有自知之明，一个人要想真正帮助他人，对于自己的能力就要有客观中肯的认知，这样才不至于因为对自身认知不足而延误他人，才能够在做力所能及的事情同时，有效地增强和提升自己的能力和水平，帮助自己不断地成长，坚持进步。

要想有效增强自己的能力，最重要的就在于谨言慎行。很多孩子都是情绪激动的，也很容易冲动，在这种情况下，他们总是临时就产生要许诺的想法，也因为一时兴起，根本不能理智思考自己是否真的能够兑现承诺。等到事后冷静下来，他们才发现自己能力不足，根本不能兑现承诺，而面对别人的殷切期望，局面就会变得很尴尬。要想以诚信立足于世，要想让自己真正做到一诺千金，孩子们在把话说出去之前，就要认真地想一想，知道说出去的话如同泼出去的水一样是无法收回来的，自然也就不会轻易地许诺，更不会对自己的诺言不负责任。

一个信守诺言的人，只说一句话，就能得到他人的信任，和他人全力以赴的帮助。而就像《狼来了》故事中的小孩那样，如果一个人总是信口雌黄，而且总是把自己说出去的话完全抛之脑后，那么他就会渐渐地失去诚信，哪怕非常认真慎重地说话，作出承诺，也没有人愿意继续相信他。从这个角度而言，诚信不但是做人的品质，而且是力量的象征。一个人唯有自尊自重，以诚信立足于人世，才能得到他人的尊重和认可，才能拥有尊严和安全感。

孩子们，不管是对亲人，还是朋友、同学，或者只是对陌生人，都不要轻易许诺，而要量力而行。一个人唯有努力地兑现自己的诺言，才能让自己的诺言有分量，也在他人心中起到沉甸甸的作用。否则轻而易举地许诺，又把自己的诺言完全抛之脑后，根本不愿意努力地兑现诺言，则只会导致说出去的话轻飘飘的，甚至完全没有人愿意相信。树立诚信是很难的，而一旦失去诚信，再想重建诚信，则会难上加难。

诚信价值无限，能为人赢得好运

战国时期，齐、楚、魏、赵、韩、燕、秦七个国家实力都很强，被称为“战国七雄”。当时，齐威王是七国的霸主，秦国实力相对较弱。秦孝公登上王位之后，广罗天下人才，只要有才之士去到秦国，都能得以重用。卫国的卫鞅对于治理国家一直都有真知灼见，为此当即去拜访秦孝公，为秦孝公出谋献策。秦孝公觉得卫鞅的话很有道理，但是因为卫鞅的变革思想触犯了当时很多贵族的利益，所以遭到了贵族大臣的强烈反对。直到两年多之后，秦孝公在皇位上坐稳了，才任命卫鞅担任左庶长，负责制度改革和建立。

卫鞅终于找到施展才华的机会，在公元前359年起草了一道改革法令。在得到秦孝公的首肯之后，卫鞅为了让变革收到良好的效果，决定先在老百姓之中树立威信。卫鞅让人在城南门竖起一根长长的木头，然后张贴告示昭告老百姓：“只要有人能把木头扛到北门，就赏十金。”虽然木头很长，也很沉重，但是要扛起木头去北门，并非多么难的事情。因而，大家都不相信把木头扛到北门，真的能获得赏金，所以虽然看热闹的人很多，真正扛起木头的人却没有。看到这种情况，卫鞅追加命令，把赏金增加到五十金。所谓重赏之下必有勇夫，有个男人看到赏金这么多，不由得自告奋勇扛起木头，说：“不管是真是假，我都要试一试，即使没有赏金，也不过就是花了些力气而已。”出乎所有人的预料，等到这个男人真的把木头扛到城北门的时候，卫鞅居然命令随从当即捧来五十金，赏赐给那个男人。这件事情当即传遍了大街小巷，老百姓这才知道卫鞅是代表朝廷的，也是一诺千金的。

后来，卫鞅借着百姓对他非常信服的机会，当即颁布了新的法令。

虽然新的法令触犯了贵族的利益，但是卫鞅坚决执行法令，因而也惩治了很多贵族。在这种情况下，变法推行得很顺利，赢得了老百姓的一致拥护。

如果不是立木取信，在老百姓之间树立了威信，卫鞅的新法推行一定会面临很多的困难。正是因为卫鞅以立木取信的方式赢得了老百姓的信任，也表明了他推行新法的决心，所以秦国才会在新法之下获得新生，旧貌换新颜。

一个人讲究诚信，不但可以在他人心目中树立威信，而且能够让自己做人做事更有底气，绝不感到心虚。尤其是孩子，当拥有诚信的品质，也意识到诚信的价值，就会更好地成长。在人的诸多优秀品质之中，诚信更是重中之重，一个人唯有以诚信立足于世，才能证明自己的品质，验证自己的实力，才能得到好运的青睐。

细心的孩子们会发现，古往今来，很多成功的人之所以能够获得成功，并非因为他们独具天赋，也不是因为他们拥有有力的支持条件，而只是因为他们讲究诚信，所以才有了立足人世的根本。对于人类而言，优秀的品质有很多，而诚信则是诸多品质的基础，也位于诸多优秀品质之首。现代社会，尽管人心越来越浮躁，很多人都一味地为了自己的利益而追逐忙碌，但是实际上，一个人如果总是不能以诚信立足，就不可能有好的发展，更不可能有充实的人生。新时代的孩子，要适应现代社会的需要，要让自己的发展更加顺利，就一定要努力调整好心态，在任何情况下都保持诚信的品质，坚定不移地坚持做人的原则，才能真正获得成功，也缔造璀璨辉煌的人生。尤其是对于大多数孩子而言，他们正处于形成价值、观念、品质的关键时期，如果不能做到诚信待人，就会导致在他人心目中的形象一落千丈，也会严重影响人际关系的发展。所以孩子虽然还小，但也要以诚信作为自己立足人世的根本，从而给予人生更大的空间去发展，也让人生拥有更多成功的可能性。

诚信的人才能拥有好人缘

作为一家图书公司的编辑，小杜平时很喜欢写文章，渐渐地写了很多散文，就想把散文集成书籍出版。在向几家公司投稿之后，小杜一直等着接到出版社的电话，却始终没有结果。眼看着就要六一儿童节了，小杜允诺女儿，要陪伴女儿一起去游乐场玩耍。

儿童节当天上午十点，小杜和女儿正在游乐场里玩呢，突然接到出版社的电话。原来，一家规模比较大的出版社看中小杜的选题，想与小杜合作完成文集的出版。出版社的负责人邀请小杜当天下午去出版社面谈，小杜说："很抱歉，我很愿意与贵社合作，不过今天是儿童节，我几天前就答应女儿要陪她在游乐场玩。所以，我可以明天拜访贵社。"负责人听到小杜的话，寒暄几句就挂断了电话。看起来，出版社似乎急于见到小杜，没过多久，社长也打来电话，邀请小杜面谈。小杜依然不为所动，尽管懂事的女儿告诉小杜："爸爸，我已经玩好了，您去忙工作吧！"小杜却说："没关系，爸爸答应陪你过六一，就一定会陪你。工作的事情尽管重要，却没有我对女儿的承诺重要。"就在说话的时候，小杜与社长的电话还没有挂断，为此社长听到小杜的话，也觉得非常感动。

次日，社长一见到小杜，就夸赞小杜是个信守承诺的好爸爸，还问小杜在教养孩子的过程中有没有心得和体会，也很愿意和小杜合作呢！

小杜因为努力兑现对女儿的诺言，所以不但赢得了女儿的真心爱戴，也赢得了社长的尊重和认可。由此可见，不管与任何人相处，我们都要讲究诚信，因为诚信是人际关系的黏合剂，能够让人与人之间的关系更加亲密无间。在诚信的人际关系互动中，人与人之间的感情还会变得更加深厚。人是感情动物，当人与人之间彼此付出，真心相待，人际关系自然会朝着好的方向发展。

现代社会，人际关系被提升到前所未有的高度，很多人都意识到要想获得成功，除了要天时地利之外，人和也是必不可少的关键因素。人际资源更是被视为一个人最重要的资源，成为人们获得成功必不可少的条件之一。在人际关系的建立和维护之中，诚信也起到了非常重要的作用。唯有诚信的人，才能坚持兑现自己的诺言，才能在与他人的良好互动中建立人际关系。否则，一个人如果总是对人不真诚，也从来不遵守自己的承诺，则必然遭到很多人的唾弃，甚至导致人际关系恶劣。由此可见，现代社会要想拥有好人缘，要想得到大多数人的认可和肯定，我们就要讲究诚信。

很多孩子误以为自己还小，就丝毫不讲究诚信，觉得诚信是与自己八竿子打不着的事情。殊不知，年纪并不是诚信的分水岭，孩子从懂事之时开始，就应该成为一个诚信的人。民间有句俗话，叫作“三岁看老”。这句话的意思就是说，一个人具有怎样的品质，未来会成为怎样的人，也许从他三岁的时候就可以看出一定的端倪。所以，即便孩子还小，父母也要注重培养孩子诚信的品质。等到孩子渐渐长大，拥有独立自主的意识，就更应该积极主动，以诚信待人，也以诚信立世。

从人际交往的角度而言，诚信更像是人际关系的黏合剂。一个不够诚信的人，很难与他人相处，也常常因为不守诺言、缺乏诚信，而遭到他人的唾弃。相比之下，只有真正把诚信放在做人做事第一位的人，才能最大限度发展人脉，也以自己的诚信赢得他人的尊重和认可。总而言之，不管是成人还是孩子，在为人处世中，都要把诚信放在第一位，才能卓有成效地建立良好的人际关系，才能真正为自己的成功奠定良好的人脉基础。

真诚，是人际交往的基础

如今，很多人都热衷于去沃尔玛零售超市购物，不但是因为超市里的商品种类齐全，品质很好，也是因为超市里的产品物美价廉，售后服务有保障。作为沃尔玛超市的最高领导者，沃尔顿身价不菲，也因为在事业上的伟大成功，成为很多年轻人争相学习和效仿的对象。然而，很多人都不知道的是，沃尔顿年轻的时候家境贫寒，他之所以能够拥有如今的成就和身家，完全是因为他非常真诚，所以才能在商海之中走出一条属于自己的成功之路。

沃尔顿的父亲是一个很普通的油漆工，只能赚取微薄的薪水，勉强维持一家人的生计。正所谓穷人的孩子早当家，沃尔顿从小就很心疼父亲，想要为父亲分担养家糊口的重任。然而，他也很清楚，自己必须改变，才能打破现状，为此他非常勤奋努力地学习，考上了耶鲁大学。为了赚取昂贵的学费，沃尔顿利用放假的时间去给有钱人家刷漆。尽管有钱人家非常挑剔，但是给出的报酬很高，为此沃尔顿初生牛犊不怕虎，虽然才刚刚学习刷漆没几天，还是义无反顾接下了这个活儿。

为了让自己的工作赢得有钱人家的满意，沃尔顿在工作上非常努力，简直一丝不苟。然而，正当整个浩大的工程已经进入尾声时，沃尔顿不小心撞翻了门板，砸在刚刚刷好的墙上，导致墙面有了很大的伤痕。为此，沃尔顿只好重新购买油漆，把被破坏的那面墙重新刷了一遍。然而，刚刚刷过的墙壁和此前刷过的墙壁有了色差，导致看起来很不协调。沃尔顿默默承受这份损失，又买了好几桶油漆，把整个屋子的墙壁又刷了一遍。这样一来，有钱人对于沃尔顿的工作非常满意，很痛快地就支付给沃尔顿报酬。然而，沃尔顿依旧愁眉不展，因为他多刷了一遍墙，买油漆就几乎用去了所有的报酬，这样一来，他还是没有钱支付昂贵的学费。后来，主人知道了沃尔顿的事情，也感动于沃尔顿对待工作的认真负责，对待雇主的真诚友善，居然又支付了一笔钱给沃尔顿。正因为如此，沃尔顿才能支付大学的学费。若干年后，他迎娶了当年雇主的女儿作为妻子，自己也进入了雇主开办的沃尔玛连锁超市工作。因为真诚认真，沃尔顿很快就成功地获得晋升，成为沃尔玛零售超市的最高管理者。

如果沃尔顿在发现刚刚刷好的墙壁不小心被破坏之后，没有第一时间重新粉刷墙壁，而是想办法尽力掩饰，那么墙壁一定不够美观，沃尔顿也就无法及时得到足额的报酬。虽然沃尔顿为了返工付出了很多的时间、精力和金钱，但是他始终不曾感到后悔。得知沃尔顿的真诚友善，雇主也被感动，所以才会主动提出多支付一些金钱给沃尔顿作为佣金，从而帮助沃尔顿渡过支付昂贵学费的难关。后来，雇主更是被沃尔顿的真诚感动，还把自己的宝贝女儿嫁给沃尔顿做妻子，也把公司交给沃尔顿打理。由此可见，真诚是人际关系的黏合剂，当一个人真诚地对待他人，就能够得到他人同样真诚的对待，与他人之间的关系必然会更加亲切友善，感情也更加深厚。

因此，孩子一定要坚持真诚做人和处世的原则，这样才能给他人留下好印象，才能为自己打造良好的口碑。一个人，可以没有高大魁梧的身材，可以没有美丽的容貌，但是一定要真诚，只有拥有这种优秀的品质，才能让自己在成长的道路上获得进步。

所谓的真诚，不但是指对待他人的态度要真诚，也是指在帮助他人的时候，要权衡自己的力量，衡量自己是否真的能够帮助他人。否则，如果不假思索就答应要帮助他人，最终却发现自己根本没有能力兑现承诺，那么这样就会失去他人的信任，也导致自己无法得到他人的真诚相待。古人云，言必信，行必果，意思就是说每个人都要真诚地对待自己，也真诚地对待他人，这样才能处理好人际关系，才能让自己真正成功地赢得他人的尊重和支持。

诚信不但是做人的根本，也是人际交往的基础。不管多么美丽的妆容，都无法代替诚信对于人的重要作用。有诚信作为底色，人生看起来才会更加色彩饱满，而不会单薄乏力。每一个孩子，要想在人生的道路上走得更好，更长远，就要努力培养自己诚信的品质，这样才能在人生之中有出类拔萃的表现，才能让未来变得更加璀璨辉煌。

以真诚扣门，才能敲开朋友的心扉

利比是一位非常聪明的男性，为了在事业上有更好的发展，他费尽心思追求上司的女儿，最终坐到了公司里的第一把交椅。然而，随着金融危机的到来，利比陷入了困境，根本无法成功地渡过难关。无奈之下，他只好承诺手底下几个忠心耿耿的员工："如今是公司的非常时期，你们只要追随我，帮助我渡过难关，等到金融危机之后，我一定会给大家升职加薪。"有了利比的承诺，这几位员工虽然没有拿到足够的薪水，也依然全心全意投入到公司中去。大概半年之后，利比终于渡过了难关。

这个时候，员工们都等着利比兑现诺言了。然而，利比迟迟没有动静，根本不想把自己对员工的承诺变成现实。终于有员工忍不住，找到利比，问："利比，如今金融危机已经过去了，你是不是该兑现承诺了？这半年多来，我们的家里都快揭不开锅了，但是都知道你难，因而从来没有和你提过什么要求。"利比惊讶地看着员工，说："我不是已经给你们涨了10%的薪水吗？"员工惊讶地看着利比："但是当初，你说不但要补足少发的薪水，还要给我们加薪至少30%。"利比对于员工的话不置可否，被催促得急了，他还对员工说："不要这么挑三拣四啦，我在金融危机期间没有辞退你们，还照常给你们发一部分薪水就不错了，我也是在帮助你们渡过难关啊。"员工这才看清楚利比的嘴脸，全都对利比失望之极。后来，公司因为经营不善再次遇到危机，利比又想让员工们帮助他一起渡过难关，但是员工们全都选择了辞职，义无反顾地离开利比。他们对利比说："你这种不懂得真诚待人的人，根本不配得到我们全心全意的支持和帮助。"就这样，公司因为危机而陷入困境，在这个时候，妻子也提出离婚，因为她对于缺乏诚信的利比也毫无信心了。

一个人不管是想把事业做好，还是想把生活经营好，都要拥有真诚的品质，也真正做到真诚待人。一个人如果太虚伪，总是以虚情假意对待他人，也许能欺骗得了他人一时，却不能欺骗他人一生一世。这个世界上，没有谁比谁更聪明，一个人之所以被欺骗，只是因为他比较善良而已。所以我们也不要自以为聪明，不要觉得别人就是好骗的。唯有真诚待人，绝不欺诈他人，才能让我们与他人之间的交往更加长久，也与他人之间感情更加深厚，彼此真心相待。

几十年前，随着独生子女政策的推行，如今很多家庭中都只有一个孩子，因而孩子们都很渴望友谊，也希望能够交到真心相待的朋友。然而，也许是因为作为家庭里唯一的孩子已经独来独往习惯了，所以很多孩子并不真正懂得如何交朋友。在家庭生活中，因为一直以来都被父母和长辈呵护，享受家人所有的爱，也总是独自享受所有的玩具、美食，渐渐地，孩子就不会分享，也无法真诚地对待朋友。这也是为什么如今有很多孩子都不会交朋友，更无法与朋友和谐相处。

交朋友，真诚是第一原则，也是唯一的方法。唯有以真诚扣门，孩子们才能敲开朋友的心扉，才能在与朋友相处的过程中更好地与朋友分享，最终让自己与朋友之间的情意越来越深厚。一个人如果不真诚，对待朋友总是三心二意、虚情假意，那么朋友一定有所觉察，也不会愿意与他深入交往。还有的人对待朋友不但不真诚，而且因为虚情假意，导致对朋友说过的很多话都无法兑现，变成了空话，在这种情况下，他们如何能够得到朋友的信任和尊重呢？人与人之间，最重要的就是彼此真诚相待，如果没有真诚作为人际相处的基调，就会导致彼此之间陷入猜忌和疑虑之中，也会导致人际关系越来越疏远，甚至走向恶劣。所以如果你曾经有过对朋友食言的行为，就要花费更多的努力，才能挽回自己在朋友心目中的恶劣印象，才能再次在朋友心中树立威信，让自己与朋友的关系得以好的发展。

遗憾的是，现代社会有很多的人诚信意识都很薄弱，他们总是接二连三地上演虚伪的悲剧，在欺骗中，不但失去了朋友的信任，也导致自己举步难行。虽然很多人都知道“一诺千金”的重要性，但是面对各种各样的诱惑，面对如同无底深渊一般的欲望，他们很容易就会放弃对人生的坚持，放弃对内心的坚守。当诚信之花凋零，人们还如何立足于世，又如何能最大限度维护好人际关系呢？孩子们，不管出于什么原因，都不要轻易地撒谎，因为诚信的建立是很艰难的过程，而一次谎言就足以毁掉诚信。在这种情况下，要想再重建诚信，则是难上加难。不诚信的人也许能获得眼前的短暂利益，但唯有诚信，才能帮助孩子们立足于世，才能让孩子们在漫长的成长过程中，始终不忘初心，砥砺前行。

诺言价值千金，要信守承诺

在天寒地冻的冬日夜里，有一个小男孩正在街道上四处奔走卖火柴。每当看到这个男孩，人们就会想起《卖火柴的小女孩》，也有很多好心的人在得知男孩的事迹后，都想帮一帮男孩。杰斯听说男孩的事迹后，也来到男孩整日奔波的街头，想要找机会帮一帮男孩，也想亲眼看一看男孩。

杰斯在街道上不停地徘徊，走来走去，果然，在他前方不远处，有个衣衫褴褛的男孩赤裸着脚，在车流不息的大街上叫卖火柴。杰斯朝着男孩走过去，男孩看到杰斯，赶紧迎上来问：“先生，请问您需要一包火柴吗？感谢您，我和弟弟已经挨饿好几天了。”琼斯接过男孩手中的火柴，掏出一张百元大钞递给琼斯。还不等琼斯说“不用找零”，男孩就对着琼斯说："先生，请稍等，我去换零钱。"转眼之间，男孩的身影就淹没在人流之中，杰斯站在那里等了很久，天色越来越晚，但是男孩始终不见踪影。虽然杰斯原本已经决定不找零，但是看到男孩一去不返，杰斯还是觉得很失望。

过去好几天，有一天白天，杰斯办事情的时候经过那天买火柴的地方，突然有个男孩走上前来，问杰斯："先生，您是前几天晚上买火柴的那位先生吗？"杰斯打量着男孩，这个男孩身材比较矮小，看起来和卖火柴的男孩还有几分相似。杰斯点点头，男孩拿出卷成厚厚一卷的零钱，交给杰斯，说："是我哥哥让我在这里等您的。那天晚上他怕您久等，在跑着去换零钱的时候，被车撞到了，现在只能躺在家里。"听到弟弟这么说，杰斯不由得担心起男孩，当即决定和弟弟一起去看看男孩。男孩正躺在家里的床上，家徒四壁，房间里特别阴冷。看到杰斯来了，男孩赶紧欠起上半身，抱歉地说："对不起先生，那天晚上您一定等了很久。"杰斯被这个小男孩深深感动，决定资助这对兄弟。后来，杰斯一直供养这对兄弟读书，直到他们拥有自力更生的能力。

事例中的男孩的确很讲究诚信，在被车子撞伤之后，他还让弟弟去当晚遇到杰斯的地方等着。如果不是杰斯在办事的时候正巧经过那里，弟弟还不知道到底要等多久呢！正因为如此，杰斯才会被深深地感动，才会心甘情愿地资助这对兄弟。

诺言是不能轻易许下的，因为诺言的分量很重，所以人们才说一诺千金。当知道自己无法兑现诺言的时候，宁可不许下诺言，也不要把自己陷入不仁不义的境地——不能信守诺言。一旦给人留下不守诺言的恶劣印象，就会被人认定为不能遵守诺言，不讲诚信，也对不起他人的信任。在这种情况下，我们还如何立足，又如何能够更好地与人相处呢？所以每个孩子都不要因为冲动而轻易许下诺言，而要知道诺言价值千金，也要知道信守承诺的重要性。

很多人都听说过《狼来了》的故事，人与人之间的相互理解和信任虽然很坚强，其实也非常脆弱。与其等待失去了他人的信任再追悔莫及，不如调整好自己的心态，珍惜和维护与他人之间的良好关系，也赢得他人的尊重和信赖。诚信，不但是一个人的立身之本，也是一个国家的立业之本，还是人类的发展之本。如果没有诚信，一个人说出来的话就会变得轻飘飘，人类也会因为缺乏诚信作为脊梁，而变得软塌塌。早在几千年前，圣人孔子就告诉我们，人类要想不断地向前发展，国家要想变得繁荣昌盛，一个人要想更加接近于成功，就必须诚实守信，才能成为大写的人字，才能以脊梁支撑起整个民族的骄傲。

遗憾的是，在现代社会，诚信的人越来越少，为了赚取更多的利益，为了追求金钱和权势，很多人都绞尽脑汁地向上攀爬，也不择手段地达到自己的目的。越来越多的人被欲望征服，他们在欲望面前，总是臣服，而无法坚持自己的心和做人的原则。古人云，人无信不立，而如果一个人没有诚信的品质，却总是想要收获幸福圆满的人生，是根本不可能的。在浩瀚无边的宇宙中，一个人就像是一粒沙子，也是沧海一粟，所以人不应该把自己看得太重，这样才能摒弃欲望和不切实际的幻想，让自己在人生的道路上继续勇往直前。生命，最重要的不是获得怎样的结果，而是在于生命的过程。

每个孩子对于人生都充满了渴望和憧憬，在这种情况下，与其一味地沉浸在不切实际的幻想中不能自拔，不如调整好心态，让自己更加明确人生的模样，这样才能向着既定的人生目标勇往直前，才能始终坚持生命的原则，绝不轻易退缩和妥协。诚信，就是做人做事的底线，也许我们不能做得比诚信更好，但是我们也决不能做得达不到诚信的要求。

第 07 章

谦虚谨慎：保持低姿态是人生的大智慧

常言道，满招损，谦受益，一个人可以没有傲气，但是不能没有傲骨。而傲气与傲骨之间，到底如何界定呢？很多孩子误以为傲气就是傲骨，却不知道傲骨是谦虚低调，是不轻易妥协，而傲气却是嚣张跋扈，是绝不低调内敛。孩子唯有保持谦虚谨慎的人生态度，保持低姿态，才能在人生中取得更大的进步，有更好的发展。

戒骄戒躁，保持谦虚低调

很久以前，有一只蚂蚁的力气特别大，他总是轻轻松松就能举起两粒大米，或者是一大块馒头屑，还可以勇敢地与肉滚滚的大青虫进行搏斗。在整个蚁穴中，这个蚂蚁都很出名，很多蚂蚁都对他顶礼膜拜。终于有一天，蚂蚁觉得自己留在蚁穴中简直屈才了，为此，他爬上车夫的车，坐在车夫的帽子上，大摇大摆地进城了。蚂蚁的想法很简单，蚁穴那么小，他要到更广阔的天地里大显身手。

到了城里之后，蚂蚁不由得感到头昏目眩，因为城里的高楼那么高，简直都要插入云彩里，城里的车辆那么多，川流不息，让蚂蚁躲闪不及。蚂蚁好不容易来到草丛里，才略微感到安全，因而迫不及待地要出自己的十八班武艺。让他郁闷的是，尽管草丛不远处就有一只大青虫，还坐着好几个人，甚至有几只蚂蚁家族的近亲正在悠闲地散步，但是他们对于蚂蚁似乎连看都没看见。后来，蚂蚁一个前空翻，不小心翻到道路上，险些被一只高跟鞋踩死。这下子，蚂蚁再也不敢卖弄，赶紧爬上来时搭乘的车，乖乖地坐到车夫身边，回到了来处。

不得不说，蚂蚁是很骄傲的，他根本不知道外面的世界有多大，就因为在蚁穴中得到了一些不疼不痒的奉承话，就过分夸大了自己的实力。现实生活中，一个人如果心高气傲，也会如同这只蚂蚁一样盲目地自信，觉得自己非常了不起，直到走出家门去看一看，才知道原来世界这么大，而自己只是最不起眼的存在。尤其是孩子，正处于学习和成长的关键时期，一定不要犯过分自大的错误，否则就会对自己评价过高，期望过高，一旦在经过努力之后达不到自己预期的目的，他们内心就会失去平衡，甚至做出极端冲动的举动。近些年来，小学生、初中生、高中生，还有大学生，自杀的现象越来越多，让无数父母在扼腕叹息如今的孩子究竟怎么了的同时，也绞尽脑汁想要找到孩子自杀的根源所在。

实际上，很多孩子自杀都是因为对自己缺乏正确认知，也不能做到谦虚低调。他们总是把自己看得太高，也不遗余力地努力，希望实现预期的目标。殊不知，希望越大，失望越大，对于孩子而言，努力是必须的，但是结果是未必一定能够达到的。成功受到很多因素的制约，除了古人所说的天时地利人和之外，还有很多微妙的因素在影响人们获得成功。既然如此，孩子在成长过程中最重要的不是获得成就，而是能够锤炼自己的意志，从而让自己的心变得更坚强，也拥有更强大的承受能力。谁的人生会是一帆风顺的呢？当心淡然坚定，孩子即使遇到小小的挫折和坎坷，也能勇敢承担，而不至于把玻璃心碎了一地。

古人云：人外有人，天外有天。就是告诉我们这个世界上绝没有十全十美的人，一个人唯有保持低姿态，时刻都坚持进步，虚心学习，才能最大限度让自己获得学习的机会，也在学习中赢得更好的发展和成就。然而，现实生活中，偏偏有很多人都无法看到自己的缺点和不足，而只是一味地强调自己的优点和长处。正如一位名人所说的，一个人如果总是盯着自己的长处看，那么他的短处就只能留给别人去发现。的确如此。没有任何人是只有优点，而没有缺点的，既然如此，我们在面对自己的时候，既不要妄自菲薄，自轻自贱，也不要妄自尊大，狂妄骄傲。不卑不亢，不仅是对他人应该采取的态度，也是每个人自处的最好态度。

那些心高气傲的人，他们总是鼻孔朝上，眼睛看着天空，不得不说这样昂首阔步地走路，是非常容易出问题的，因为一下子看不到，也许就会被脚底下的障碍物绊倒，也有可能掉入不知名的黑洞中。所以要想擦亮眼睛，对于人生有客观的认知和感悟，我们就要戒骄戒躁，保持谦虚低调。

每个人生存在这个世界上，都是社会的一员，而绝不可能独立存在。当然，每个人都是与众不同的生命个体，他们出生的家庭不同，成长的经历、受教育的经历，以及接触的人群等，都是截然不同的。这就导致每个人在成长的过程中会有不同的感悟和收获，也会拥有完全不同的人生。所谓金无足赤，人无完人，就意味着一个人即使能力再强，也不可能面面俱到。最重要的在于，要扬长避短，取长补短，才能最大限度激发出自己的力量，才能真正把握人生，创造属于自己的未来。在为自己的优点而骄傲时，不要忘记这个世界上有比我们更优秀和出类拔萃的人；在为自己的缺点而懊丧时，不要忘记这个世界上也有远远不如我们的人。一个人唯有既看到自己的优点，也看到自己的缺点，才能客观公正地认知自己，才能最大限度发挥实力，创造辉煌人生。否则，当我们过于心高气傲，眼高于顶，把一切都不看在眼里时，我们就会盲目骄傲、狂妄自大，甚至因此而遭到他人的嘲笑和耻笑。

人生的境遇有高峰有低谷，作为普通而又平凡的生命，我们最重要的就是保持谦虚低调的姿态，不要在人生中过于张狂，也不要过分自卑，萎靡不振。所谓人外有人，天外有天，我们既可能是人外的人、天外的天，也有可能就是那个人，那片天。

谦虚使人进步，骄傲使人落后

大名鼎鼎的艺术大师梅兰芳是一个非常谦虚低调的人，他之所以在艺术上有这么高的造诣，是因为他总是能够虚心采纳人们的建议，也积极地提升自己的表演。

有一次，梅兰芳在大剧院演出，正当演出非常精彩、所有听众都凝神细听的时候，在舞台上表演的梅兰芳听到一个不和谐的声音，这个声音接连喊道："不好，不好！"梅兰芳仔细看看台下，发现声音是一位白发苍苍的布衣老人发出的。表演结束后，梅兰芳来不及卸妆，第一时间就去台下找老人。为了得到老人的指点，梅兰芳还让自己的专车把老人送到他的居住地，然后毕恭毕敬地向老人讨教，希望能从老人那里听到真知灼见。

看到梅兰芳对自己待若上宾，老人也很知足。因而在梅兰芳向老人请教的时候，老人坦诚地说："根据'梨园'的规定，惜姣上下楼的时候应该七上八下，但是你今天走得却是八上八下，这完全不符合梨园的规矩啊！"听到老人的话，梅兰芳知道老人是行家，因而当即真诚地表示感谢，也为自己的疏漏向老人道歉。后来，每次有演出的时候，梅兰芳都让专车去接老人看戏，然后在表演结束后就像一个虚心好学的小学生一样，请老人指点，立即改正。

梅兰芳是一代京剧大师，之所以能在艺术领域有这么高的造诣，就是因为他总是能够虚心求教，也积极地改正。作为孩子，我们当然还有很多需要学习的地方，更应该保持谦虚的心态，才能在发现自己犯错误之后当机立断反省自己，也努力积极地改正自己。

才几岁的孩子就知道“虚心使人进步，骄傲使人落后”的道理，古人也说“满招损，谦受益”，但是真正能够做到虚心上进的人少之又少。人总是有虚荣心的，尤其是在现代社会，整个时代都非常浮躁，也进入了快餐时代，每个人都希望以最快的速度实现自己的目标，达成自己的心愿，越来越多的人都忘记了，人生还是需要一些精神上的支撑作为脊梁的。

当整个社会的大环境如此，孩子正处于成长的关键时期，一定要端正心态，摆正态度，从而在人生中挺起脊梁，既昂首向前，又谦虚低调，这样才能不断进步。从本质上而言，谦虚是一种难能可贵的品质。不可否认的是，这个世界上并没有绝对完美的人存在，每个人既有优点和长处，也或多或少会有一些缺点和不足。不仅是孩子，就算是成人，也不能保证自己永远不犯错误。尤其是孩子正处于成长的关键时期，他们更容易因为各种原因犯错误。实际上，犯错并不可怕，可怕的是一个人犯了错误之后无法意识到自己的错误，或者因为固执，他明知道自己错了，却依然错上加错，继续坚持错误。这样一来，结果当然会非常严重，也会无法挽回。

为何人们不愿意承认自己的错误呢？这与骄傲自满是分不开的。很多人无法接纳自己的错误，是因为他们骄傲地觉得自己是完美的，还错误地认为自己永远不会犯错。要想改变他们的这种状态，就要让他们知道每个人都会犯错，还有很多人都是踩着错误的阶梯才能不断进步和成长的。唯有拥有这样的心态，才能主动反省自己。尤其是对于孩子而言，能够意识到自己的错误，积极主动地改正错误，是非常重要的。因为自我反省恰恰是每个人不断进步的方式，否则有了错误也不认错，只会导致错上加错，也会导致错误的结果更加严重。

现代社会，整个社会的风气都是浮躁的，因而骄傲自满的人越来越多，而谦虚低调的人却越来越少。细心的孩子们会发现，在丰收的季节，越是低垂着头的麦穗，越是拥有丰硕的果实，而越是高高昂起头的麦穗，越是腹中空空。作为人类，我们也要向麦穗学习，不要因为自己拥有一些知识就趾高气扬，因为真正博学多才的人更知道自己掌握的知识是有限的，而在自己掌握的知识之外，还有一个无限浩瀚的海洋。所以孩子更应该带头抵制社会中的浮夸之风，也彻底消除心中的骄傲自满。唯有更多地反省自己，虚心地向他人求教，我们才能在成长的道路上更加稳扎稳打，走好每一步。

心浮气躁的人与成功无缘

很久以前，有个年轻人大学毕业后很长时间都没有找到合适的工作，在家赋闲半年之后，他好不容易才利用父母的关系进入一家企业工作。然而，年轻人工作一段时间后觉得非常苦恼，因为这家企业的负责人只给他无关紧要的工作去做，而丝毫没有器重他。失意的年轻人甚至产生了悲观厌世的想法，他想要辞掉工作，又担心自己会继续赋闲在家。而继续工作，他又觉得兴致索然，根本无法充满动力地把工作做好。

思来想去，年轻人决定四处走走看看，散散心。他来到了一座大山，这座山里有著名的寺庙，寺庙里有得道高僧。年轻人看到高僧，就像抓住救命稻草一般，赶紧向高僧求助："高僧，我很苦恼，不知道该如何走好人生的路，我似乎心怀大志，又没有机会施展自己的才华，我甚至觉得人生根本没意思，活着也是毫无意义的存在。"

年轻人絮絮叨叨和高僧说了很多，高僧始终面带微笑，用心倾听。直到年轻人把心中的苦水都倾倒出来，高僧才吩咐徒弟："拿一壶温热的水过来，我为施主泡茶。"年轻人很纳闷，暗暗思忖："为何要用温热的水泡茶呢？"徒弟把温水送来，高僧在茶杯里放入茶叶，就开始注入温水。温水根本不能把茶叶冲泡开，为此，年轻人提醒高僧："高僧，泡茶要用沸水才好。"高僧笑了，示意年轻人品茶。年轻人喝了一口茶，不由得皱起眉头，说："茶味寡淡。"高僧说："这是好茶，是铁观音。"年轻人还是皱起眉头："的确很寡淡，应该是水的温度不够。"高僧吩咐徒弟："换一壶沸水过来。"徒弟取来沸水，高僧倒掉温水冲泡的茶，又重新放入茶叶，然后加入沸水。还没有喝茶呢，在沸水的冲泡下，茶叶上下翻飞，香味扑鼻。高僧再次示意年轻人喝茶，年轻人说："即使不喝，也闻到了满室的茶香，也知道这茶是好茶。"等到年轻人喝了一口茶，高僧问他："同样的茶叶，施主可知道为何冲泡出来之后，茶的味道截然不同？"年轻人说："因为水温不同，泡茶是要用沸水的。"

显而易见，高僧对年轻人的回答很满意，因而说："水的温度不同，茶叶的翻腾和释放出来的香味就不同。沸水能够激发出茶叶所有的味道，而温水只能算作是洗茶，无法渗透茶叶的精髓。这与人生是同样的道理，你是想要温吞的人生，还是想在沸水之下，拥有香气弥漫的人生呢？"听完高僧的话，年轻人恍然顿悟，当即向高僧道谢。

人生就像泡茶，如果用温水，顶多算是清洗茶叶，根本无法激发出茶叶所有的香味和精髓。只有用沸水冲泡茶叶，让茶叶在沸水之中上下翻滚，茶叶才能被浸透，才能释放出所有的味道和力量。人生也是如此，平安顺遂的人生尽管岁月静好，却不能给予人生更多的感悟和收获。而在人生的历练之中，也许人们会感到疲惫，但是自身的能力也不断得以增强，这正是人的成长和成熟。要想拥有如同沸水之中的茶叶一样充实的人生、弥漫的香气，每个人都要坦然迎接人生的起起伏伏，从而在人生的风雨泥泞与坎坷挫折中，成就最优秀的自己。

和一个做事情脚踏实地、踏踏实实的人相比，心浮气躁的人有什么表现呢？具体而言，心浮气躁的人做事情总是流于形式，流于表面，常常会三心二意、心不在焉。他们对于事情的了解并不深刻透彻，就急功近利地想要获得成功，却不知道成功从来不是一蹴而就获得的，这个世界上更没有天上掉馅饼的好事情。为此，他们想要成功只是一个美好的愿望而已，在急功近利的追求之中，他们常常会把原本能做好的事情搞砸了，也导致事与愿违。

在成长的过程中，孩子心浮气躁的表现为以下几点：第一点，做事情缺乏耐心和毅力，尤其是在遇到困难的时候，往往不能坚持；第二点，专注力很差，总是三心二意，这山望着那山高；第三点，不能吃苦，只想享福，还希望能够不劳而获；第四点，对于人生总是缺乏信心，表现出颓废沮丧的样子，情绪也躁动不安，不能做到平静安然；第五点，做事情总是朝秦暮楚，无法保持专一；第六点，不能做到谨言慎行，尤其是在作重大的决定时，情绪冲动，理智降低，因而导致行为并不能取得预期的效果，反而会因为冲动而导致事与愿违。当然，孩子的心浮气躁还有很多其他的表现，尤其是以上这六点最具有代表性。

实际上，孩子正处于身心快速成长的关键时期，如果他们不能用心地对待外界的一切，又因为急迫地渴望成功而导致自己陷入被动的局面中，那么他们就会更加把自己逼入死角，导致自己根本没有力量把握和控制人生。现代社会，经济发展迅速，到处都充满了诱惑，每个人都有深深的欲望，因而孩子们一定要培养自己的意志力，这样才能真正主宰人生，而不至于在人生之中随波逐流。

保持低姿态，才能获得更大的进步

如今，各个国家的顶尖人才，都以能够获得诺贝尔奖为毕生最高的追求目标。前些年，中国的莫言获得了诺贝尔文学奖，化学家屠呦呦获得了诺贝尔化学奖，这不但是他们个人的荣誉，也是整个国家的荣誉，是值得举国欢庆的事情。那么，诺贝尔奖有何与众不同的，居然让各个国家的顶尖人才都对这个至高无上的奖项十分重视呢？这是因为诺贝尔本身就是一位伟大的化学家，为人类和整个世界的进步都起到了巨大的推动作用。

诺贝尔是瑞典籍的化学家，他一生之中做出了伟大的成就，是人人瞩目和敬仰的科学家。然而，诺贝尔尽管在科学的道路上创造了很多奇迹，但是他本身是非常低调而又谦虚的。有一次，瑞典的一家出版社想出版当代名人集，毫无疑问，他们第一时间就想到了诺贝尔，因而想方设法联系上诺贝尔，并且把想把诺贝尔作为当代名人之首的想法告诉诺贝尔。不想，出版社的负责人话音刚落，诺贝尔就连声拒绝：“我知道这些书都是非常有趣且有价值的，但是我只是一个平平常常的人，我觉得我还没有资格被列入名人集，也不想被列入名人集。”就这样，诺贝尔拒绝了出版社的请求。

诺贝尔的谦虚低调是真正的谦虚低调，这表现在他不仅拒绝了出版社的请求，就是哥哥要续写家谱，需要诺贝尔的自传时，诺贝尔也如此形容自己：“我是诺贝尔，我很平凡，也很可怜，我出生的时候差点儿死在医生手中。我总是能保持个人卫生，这是我最引以为傲的。但是我的脾气很糟糕，我没有妻子，孤独终老，我只希望自己不要被活埋……”收到这样的自传，哥哥感到啼笑皆非，诺贝尔是他们整个家族最有成就的人，也是举世闻名的科学家，如何能够就这样完成自传呢？为此，哥哥当即询问诺贝尔为何不把自传写得更翔实，诺贝尔却说自己的人生只是浩瀚宇宙的沧海一粟，根本没有什么可写的。就这样，诺贝尔为人类和整个世界都作出了伟大的贡献，但是他对于自己的评价总是寥寥数语。

当一个人知道得很少，他就会感到沾沾自喜，就像井底之蛙从来没有意识到自己生活在井底这个现实，反而觉得很满足，也常常对自己有过高的评价；当一个人知道得很多，他就会知道这个世界是很大的，整个宇宙更是无边无沿，苍茫浩渺，在这种情况下，他不敢说自己懂得多少，也不认为自己是这个世界不可或缺的，为此他只能保持谦虚低调的姿态，也始终努力地学习，坚持进步。

很多孩子误以为在人生之中保持谦虚低调的姿态，是怯懦的表现，是不敢证明和肯定自己导致的。其实，这种想法完全是错误的。谦虚低调不是怯懦，而是人生的大智慧，是真正参透人生真谛的人，才能作出的理智选择。宇宙如此浩渺，每个人的人生对于自己而言也许是漫长的，但是对于整个宇宙来说如同白驹过隙，甚至根本无法留下任何痕迹。在这种情况下，我们除了努力认真地经营好人生，还有什么其他的选择呢?

当孩子学会低姿态，也能够以谦虚的姿态对待人生，对待他人，那么他们就会有所收敛，决不让所知甚少的自己表现出张狂的样子。谦虚低调还有助于孩子们保持理性，人们常说愤怒使人的智商瞬间降低，实际上，过于骄傲自满，也会让人对自己失去乐观公正的评价和判断，导致在面对人生中的很多情境时，无法作出理智的选择和决断。

傲慢，只会让你贬低自己的身价

1905年，阿道夫获得诺贝尔化学奖，这是化学领域至高无上的荣誉。实际上，阿道夫获得诺贝尔化学奖绝非偶然，在漫长的一生中，阿道夫始终在坚持研究有机化学，也取得了令人瞩目的成就。在获得诺贝尔奖之后，阿道夫的知名度大大提升，有人说他之所以成功，是因为博学多才，有人说他之所以成功，是因为坚持不懈，也有人说他之所以成功，是因为拥有好运气。对于自己的成功，阿道夫中肯地说："只有谦虚的人才能获得成功，而傲慢的人注定永远与失败相伴。"阿道夫为何会有这样的感悟呢？听起来，这与他获得举世瞩目的诺贝尔化学奖之间并没有必然的联系。

阿道夫之所以说出这样的获奖感悟，是有原因的。原来，阿道夫小时候非常骄傲，也很傲慢。十岁生日那天，阿道夫一直等着爸爸妈妈为自己过生日，但是一大早起床之后，因为爸爸要在家里学习，需要安静的环境，所以妈妈早早地带着阿道夫去了姥姥家里。阿道夫没有等来期盼已久的生日庆祝会，在从姥姥家里回家的时候非常沮丧。妈妈看出阿道夫的异常，语重心长地对阿道夫说："阿道夫，过生日固然重要，但是爸爸的学习更重要。爸爸已经五十多岁了，还要坚持学习。妈妈希望你也能继承爸爸勤奋学习的精神，这将是我和爸爸给你的、让你一生都受益匪浅的珍贵礼物。"妈妈的话让阿道夫心中的乌云散去了，从此之后，他始终坚持学习。

大学期间，阿道夫对于一位只比自己大六岁的老师不够恭敬，爸爸知道之后，狠狠地批评了阿道夫。一开始，阿道夫不以为然，对爸爸说："他只比我大六岁，不能算是真正的老师。"爸爸严肃地说："你以为是否有资格当老师是由年龄决定的吗？爸爸曾经和一位比自己小三十岁的老师学习，而且爸爸很尊重这位老师，因为这位老师小小年纪就能取得让人瞩目的成就，是完全值得尊重的。"阿道夫羞愧地低下头，从此之后，他非常谦虚低调，也总是能够积极主动地向某些方面比自己强的人学习。正是因为有这样的精神，阿道夫才能在科学研究的道路上不断进步，才能获得伟大的成就。

正是因为把谦虚当成一生的座右铭，阿道夫才能取得伟大的成就，获得诺贝尔化学奖。否则，如果阿道夫总是骄傲自满，他如何能够坚持进步，也给予自己的人生更多成长的空间呢？古人云，山不在高，有仙则灵，水不在深，有龙则灵。对于孩子而言，学习和成长是首要任务，既然如此，就要坚持努力，不断进步。

很多孩子总是容易陷入骄傲自满的情绪中，却不知道骄傲自满是人生的大敌。一个骄傲自满的人很难获得进步，唯有保持谦虚的心态，才能不断地学习，也保持进步的姿态。细心的孩子会发现，古今中外，很多成功者之所以能获得成功，是因为他们很懂得谦虚低调的道理，也能够秉持"三人行，必有我师"的观念，所以才能戒骄戒躁，最终获得进步。尤其是在学习的过程中取得成绩的时候，更不要因此而沾沾自喜。很多时候，一时的成功不代表永远的成功，一时的失败也不意味着永远的失败。与其把话说得太满，不如以实际行动来证明自己的实力。尤其是当春风得意马蹄疾的时候，孩子们更要控制好自己的情绪，从而远离浮躁和张扬，静下心来踏踏实实做好人生中的每一件事情，从而保持谦虚进步的人生姿态，也助力人生获得伟大的成就。

多多积累，才能一鸣惊人

众所周知，爱因斯坦是伟大的科学家，为人类提出了相对论，在世界的科学发展史上都占据重要的位置，是不可替代的。实际上，和很多伟大的人物从小就表现出天赋异禀不同，爱因斯坦的成就尽管很大，但是他的天资并不聪颖，而是略显愚钝。甚至在学校的学习中，爱因斯坦也不是出类拔萃的那一个，他常常因为表现不够优秀而被老师批评，但是这并不妨碍爱因斯坦继续努力，持续积累。

爱因斯坦的家人非常明智，面对爱因斯坦在学习和成长上的情况，他们不但没有责备爱因斯坦，更没有催促爱因斯坦，反而常常鼓励爱因斯坦。正是在家人的鼓励下，爱因斯坦才能够坚持努力。他很清楚自己没有天赋，在学习上的能力也不够强大，为此他总是积极主动地学习新知识，也坚持创新。爱因斯坦的兴趣爱好非常广泛，不但会拉小提琴，还精通伦理学和宗教学，可以说，在当时，爱因斯坦对于科学并没有表现出浓厚的兴趣，甚至没有与科学结缘呢！

尽管爱因斯坦在学习上已经超前于大多同龄的孩子，但是爱因斯坦从未停止学习的脚步，他总是不断地鞭策和鼓励自己继续努力，再接再厉。十六岁那年，爱因斯坦在考试上遭遇挫折和打击，从此之后，他非但没有自暴自弃，反而更加鼓起信心和勇气，也把自己所有的时间和精力都用于学习。那个时候的爱因斯坦坚信，只要他足够努力，就能够成功地改变自己的命运，也在学习和成长方面有所收获。然而，在学校的正统教育中，爱因斯坦始终成绩平平。直到从苏黎世联邦工艺研究所毕业，爱因斯坦依然没有表现出任何出类拔萃的地方。后来，他开始踏足社会，从事过各种各样的工作。爱因斯坦的心没有因任何一份工作而安定下来，他始终在积极地尝试，也始终在努力地寻找，他相信通过自己的努力，一定能够挖掘出巨大的潜力，从而让自己拥有与众不同的人生。就这样，在毕业后的十几年之后，爱因斯坦终于认定他的人生方向是研究科学。就这样，爱因斯坦在科学上的表现越来越让人瞩目，他也成为了举世闻名的伟大科学家。

从爱因斯坦年轻时的表现来看，他是很平庸的，根本没有独特的天赋，也没有超常的能力。然而，爱因斯坦并不因为平庸就不再努力，更不认定自己注定只能度过平凡的一生。他从小就在父母的支持和鼓励下，不断地尝试更多新的领域，也培养自己拥有很多兴趣爱好。即使在以普通的成绩从大学毕业后，又工作了十几年的时间，爱因斯坦依然没有在特定的领域出类拔萃。但是他寻找和探究的脚步从未停止过，直到后来，爱因斯坦终于确定自己最喜欢的工作就是研究科学，从此之后一发而不可收拾，在科学的道路上越走越远。

这个世界上，没有任何成功是一蹴而就的，也没有天上掉馅饼的好事情。一个人要想获得成功，除了天时地利人和之外，还要具备很多方面的条件。很多人都知道蝴蝶破茧成蝶，也知道如果蝴蝶借助于外力的帮助从茧中出来，很难成活。由此可见，即使是小小的昆虫，也要经历生命的历练，才能最大限度激发出生命的力量，也在生命的涅槃中获得重生。

每一个孩子都是等待破茧成蝶的蚕茧，也许现在看起来还平淡无奇，但是只要不断地积累，持续地进步，最终就能够战胜自我，突破自我，超越自我，也成就自我。在古代，孟子曾说："天将降大任于斯人也，必先苦其心志，劳其筋骨，饿其体肤，空乏其身，行拂乱其所为，所以动心忍性，曾益其所不能。"由此可见，古往今来每一个有所成就者，并非独具天赋，也不是因为得到命运的善待，而是因为他们能够在苦难中崛起，也能够始终对于命运的磨难怀着隐忍的态度。唯有如此，他们才能在经历生命的蛰伏之后腾飞，也让生命绚烂地绽放。学过物理学的孩子也知道，量变引起质变，实际上人生中的积累就是量变的过程，而最终的成功就是不折不扣的质变。也许你现在还不够优秀，无法实现人生的梦想，没关系，只要你坚持不懈，在人生中平凡的每一天都始终心怀梦想，你就能够创造生命的奇迹，也赢得生命的成功。

常怀空杯心态，人生不断进步

有一天上课的时候，教授拿着一个空空的杯子来到教室里。同学们都很奇怪，不知道教授的葫芦里卖的是什么药，因而全都注视着教授。只见教授拿出一些石块，将其装入杯子里，直到把杯子装满。教授问同学们："现在，你们觉得杯子还能继续装入吗？"同学们异口同声地回答："不能！"教授不置可否地笑了笑，又拿出一些小石子，然后开始往杯子里装入石子。同学们惊讶地看着教授，这时，教授又说："那么接下来，杯子里还能装入吗？"有些同学有了上一次的经验，不敢直接回答教授，而是陷入思考之中，而有些同学恰恰相反，他们觉得杯子里已经装了石块和石子，这下次肯定不能再装入东西了，为此他们继续异口同声地回答："不能！"

教授依然对同学们的回答不发表任何意见，而是继续往杯子里装入细小的沙子。果然，沙子很快就沿着石块和石子形成的缝隙流入杯子底部，转眼之间，杯子里又装入了一些沙子。等到教授再次询问同学们杯子里是否还能装入东西时，同学们你看看我，我看看你，谁也不愿意表态。教授又拿出一杯水，缓缓地朝着装满石块、石子和沙子的杯子里倒入。很快，又倒入了半杯水。同学们议论纷纷，都觉得很神奇。这时，教授才语重心长地教育同学们："很多时候，你们以为自己已经学到了足够的知识，却不知道你们还需要学习很多知识。每个人都像这个杯子，看起来已经满了，其实还能装入很多不同的东西。所以最重要的在于要常怀空杯心态，这样才能不断地努力上进，才能抓住各种机会不断充实自己。"

听了教授的教诲，同学们纷纷点头，他们觉得教授说得很有道理，也意识到清空自己的重要性。

所谓空杯心态，就是不断地清空自己，把自己当成一个杯子，让自己始终保持空杯的状态。这样一来，才能不断地向杯子里加入更多的东西，才能坚持学习和进步。尤其是在学习方面，每个孩子都要保持空杯心态，而不要自以为是地认为自己已经掌握了很多的知识，否则还如何能做到主动学习呢？

在成长的过程中，孩子们不断地汲取知识的养分，也不断地产生心灵的垃圾。这其实与身体的成长有着异曲同工之妙，为了给身体提供充足的养分，我们也是在不断地摄入营养，与此同时，也不断地清理身体的垃圾。那么除了清理身体的垃圾之外，我们还要定时地清理心灵的垃圾，这样才能保持对于知识的吸收速度，才能最大限度让自己不断学习，坚持进步。

对于每个孩子而言，自满都是成长的最大阻力和绊脚石。当孩子觉得自己已经学到了足够多的知识，而且不愿意继续学习的时候，这正意味着他们要停止进步，止步不前。因而每个孩子都要怀着谦虚的心态，不断地清空自己的心灵，也坚持怀着对学习的热情和充足的动力。众所周知，在学校的教学中，总是环环相扣，一环紧扣一环的，在这种情况下，孩子们为了让自己保持心灵的空间，还可以在认真复习当天所学的知识之后，再暂时放下旧有的知识，从而腾出心灵的空间和心力，来学习新的知识。千万不要小看暂时放下旧有知识的技能，能够做到这一点的孩子，往往能够心无旁骛、全心全意地学习新知识，因而学习的效果是非常好的，学习的效率也是很高的。从本质上而言，暂时放下旧有的知识，其实也是一种空杯心态的表现，当孩子面对每天的学习都有一个空空的心杯，他们就会像海绵吸水一样，高效地接纳与吸收知识，如饥似渴，绝不对知识懈怠。

第08章

勇于担当：能扛起责任才能扛起自己的人生

能扛得起人生责任的人，才能成为顶天立地的人，才能以挺拔的脊梁支撑起自己的整个人生。孩子一定要从小就培养自己的责任心，才能在人生漫长的道路上胜不骄，败不馁，才能对于人生的很多坎坷和磨难都做到从容应对。

不找借口，承担责任

在墨西哥市的体育馆里，夜色如水，在寂静的赛道上，有一个人始终在一瘸一拐地跑着。这个人是来自坦桑尼亚的艾克瓦里，他来到墨西哥是代表祖国参加马拉松比赛的。那么，他为何一个人这么艰难地跑着呢？寂静的赛道上空无一人，而且夜色也渐渐地深沉浓重。仔细看去，艾克瓦里的两条腿上都流着血，鲜血已经浸透了绷带，这让他跑起来更加吃力。从他的面部表情上，就可以看出他正在承受巨大的痛苦。

艾克瓦里不知道，在体育馆的一个角落中，有一双眼睛正在热切地关注着他。这个人是格林斯潘。格林斯潘是举世闻名的纪录片制作人，他的镜头曾经记录了很多人的表现。终于，艾克瓦里到达了终点，如释重负般地瘫软在地上。格林斯潘终于按捺不住心中的好奇，也出于对艾克瓦里的关心，走近艾克瓦里问道：“你为何一定要坚持跑完呢？”艾克瓦里以虚弱的声音说：“我的国家远在两万公里之外，国家花费了很多财力才把我送到这里来参加比赛，不是让我放弃的。”对于自己的壮举，艾克瓦里没有任何抱怨，也不觉得自己多么伟大，而是把在起跑之后跑完整个比赛作为自己应该承担的责任。

艾克瓦里感动了全世界，然而他没有为自己找任何理由，也没有对自己进行任何标榜。同样的，在决定不能放弃之前，他也没有找任何借口劝说自己放弃。仅从表面看起来，没有借口和理由的艾克瓦里是木讷的，没有豪言壮语，也没有为自己开脱。不得不说，他虽然在比赛结束很久之后才坚持跑完整个比赛，但是他有着无比强大的内心，也有资格赢得每一个人的尊重和信赖。

现实生活中，很多孩子都喜欢找借口，对于明明应该由他们承担的责任，他们也总是能够找出各种各样的借口，从而帮助自己推卸责任。不得不说，一切的借口都只能作为推卸责任之用，所以不管为何而找出的借口，都会导致孩子们面对更多的困境。那么，在责任和借口之间应该如何选择呢？选择借口，推卸责任，固然会感到很轻松，但是内心里会因为刻意逃避而变得更加沉重。大多数孩子在面对问题的时候都会感到非常懊丧，这是因为他们不够自信，也认为自己无法承担起所有的责任。实际上，面对责任，不管责任是轻是重，是大是小，要想获得成功，都有一个好方法可以面对，那就是绝不放弃。

很多孩子都喜欢看好莱坞大片，尤其喜欢看好莱坞的硬汉在大片中的出色表演。那么细心的孩子会发现，这些好莱坞硬汉也是活生生的人，而不是神仙，他们不可能永远都轻松地解决问题，也会在各种危急的时候被打得鼻青脸肿，遇到前所未有的危机和困境。在这种情况下，他们是怎么办的呢？他们没有束手就擒，而是勇敢地激发起自身所有的力量，从而帮助自己勇往直前，最终战胜敌人。当然，生活不是好莱坞大片，很多时候也许孩子们已经非常努力，却未必能够完全战胜敌人。即使如此，也没有必要觉得懊恼，因为在放弃与失败之间，显然失败至少能给孩子们经验，这样在下次遇到同样的情况时，孩子们就会距离成功更近一步。

成长的过程中，每个孩子都要面临形形色色的失败，这是因为成长的过程就是不断失败，最终获得成功的过程。因而孩子们，不管是在生活中还是在学习中，当遇到各种困境和失败的时候，不要急于为自己找借口，而要花费更多的时间和精力反省自己，看看自己哪些地方需要改进，哪些地方还可以做得更好。这样的反省，有助于孩子们获得更快的成长，也有助于孩子们在成长的过程中坚持进步。例如，当上学迟到的时候，不要说路上堵车了，可以告诉老师下一次一定会起得更早，把堵车的时间预留出来。再如，考试成绩不理想，不要告诉爸爸妈妈自己太粗心了，或者前一天睡得太晚，而要告诉爸爸妈妈自己下一次会更努力，避免这次的情况再发生。在面对问题的时候，要养成解决问题的积极思路，而不要总是一味地找借口，推卸责任，否则就无法获得成长。记住，任何借口都是在推卸责任，唯有不断地努力向前，把借口彻底地抛在脑后，忘在身后，才能让自己无路可退，只能以进步的方式坚持前进和成长。

男孩更要有担当

刘军是个苦命的孩子，在他10岁的时候，父亲就因为一场车祸撒手人寰，只剩下妈妈与他和两个妹妹相依为命。家里一下子失去了顶梁柱，不但很多事情没有主心骨，经济上也面临着巨大的窘境。看着妈妈为了养活他们兄妹三人整日操劳，刘军心疼不已。在爸爸去世一年后，小学毕业的刘军就选择辍学，和妈妈一起支撑这个家庭。

刘军的学习成绩很好，妈妈知道如果继续读书，他将来一定会有好前途。为此，妈妈不忍心让刘军退学，对此，刘军说：“妈妈，你放心，我不上学也能让你和妹妹过上好日子。我们已经没有爸爸了，不能再没有妈妈。你放心吧，我一定会非常努力。”辍学之后，因为年纪还小，刘军跟着妈妈在家里务农好几年。在这几年的时间里，刘军看起来默默无闻，只能帮着妈妈下地干农活，实际上他非常用心地在自学，对于很多农作物的种植方法都了然于心。16岁那年，正值村子里重新整合与分配土地，很多人家的土地都不想种了，为此委托村委帮忙租出去。刘军抓住这个机会，承包了大片的土地，而且签订了长期合同。后来，他就拿出这几年来农闲时候打零工积攒的钱，购买了大量的果树苗。妈妈很担心，怕刘军干不好，这样家里就更困难了。刘军安慰妈妈：“妈妈，放心吧，我心里有数。而且，妹妹们也都大了，她们不能像我一样只读小学，我还要供养她们读高中，上大学。家里有您和我就足够了，我们一定能把日子过好的。”

就这样，种完果树苗之后，刘军一心扑在果园里。几年之后，果树陆陆续续地挂果了，刘军迎来了大丰收。

在这个事例中，刘军无疑是个有担当的孩子。为了妹妹们的前途，也为了给妈妈分担生活的压力，他主动辍学，回到家里，用稚嫩的肩膀和妈妈一起支撑起整个家。刘军不仅有孝心，还有智谋，所以他才能潜心下来种地务农，也在此期间积累种植的经验。最终，责任心让刘军不断成长起来，正如他自己所说的，即使不读书，也能过好生活。

一个人只有有责任心，才能承担起属于自己的担子，才能在生活重担的压力下坚持努力奋斗，也坚持以实际行动创造自己的美好未来。相反，一个人如果缺乏责任心，只会不断地推卸责任，在犯错误的时候也不敢勇敢承认，最终他们会怯懦地面对人生，成为不折不扣的懦夫。孩子们要想成长为顶天立地的人，就要勇敢地承担起属于自己的责任，就要在责任心的驱使下坚持不懈地奔向自己的人生目标，直到实现人生的梦想。

人生的道路原本就是漫长的，而且充满崎岖坎坷。在这种情况下，一个人如果没有坚强的精神力量支撑自我，而总是习惯性地放弃，那么他就难免会陷入困境之中，也常常会因为缺乏力量而导致人生止步不前。真正有责任心的人，不会轻易地抛弃属于自己的责任，哪怕人生的道路充满崎岖，哪怕距离梦想的实现还有很遥远的距离，他们也会艰难跋涉，排除万难地去实现梦想。每个孩子都有瑰丽的人生之梦，都想身兼重任，既然如此，就要从小培养责任心，让自己成为对梦想负责的人，成为对人生负责的人。需要注意的是，真正的责任心并不是说说那么简单，也不是默默地记在心里，就能兑现的。责任就像是一份无言的承诺，要想兑现诺言，更要在行动上有所表现，才能让兑现责任成为切实的行动。

遗憾的是，如今社会上有很多家庭都只有一个孩子，在父母的无限宠爱和长辈的疼爱与照顾中，很多孩子从小就养成了娇生惯养的习惯。对于他们而言，这样的成长是没有养分的，只会导致他们失去自主生活的能力，精神上也变得萎靡不振。如果父母不主动给孩子承担责任，那么随着不断地成长，孩子在心理上越来越成熟，也可以自己主动承担责任，从而历练自己，让自己变得更加坚定勇敢。记住，只有责任心才能支撑着孩子走完漫长而又坎坷崎岖的人生道路，只有责任心才能让一个人在即使遭遇失败打击的情况下，也依然能够勇往直前，绝不畏缩和放弃。

敢于承担的你才真的长大了

里根小时候特别顽皮，每天除了睡觉外，就在不停地运动，是个活泼好动的孩子。年少时的里根尤其喜欢踢球，有一次，他在与小伙伴一起踢球的时候，不小心砸碎了邻居家的玻璃。在当时，玻璃的价值还很昂贵，为此小伙伴们吓得落荒而逃，而作为“罪魁祸首”的里根直接吓傻了，张大嘴巴傻傻地站在那里，一动不动。

邻居听到玻璃碎裂的声音，从房子里跑出来查看情况，里根赶紧向邻居道歉，还把打碎玻璃的情况讲给邻居听。邻居显然很生气，怒气冲冲地对里根说：“你这个孩子，一个人在这里踢球干什么！”邻居向里根索要十几美元的赔偿，这个数字对于里根而言无异于天文数字，他只能去向爸爸求助。出乎里根的预料，爸爸直截了当地拒绝了里根的请求，里根感到很绝望，不知道自己应该怎么办，因而失魂落魄地转身离开。这个时候，爸爸叫住里根，对里根说：“虽然我不愿意代替你承担赔偿责任，但是我可以借钱给你先赔偿邻居。借钱的时间是一年，一年之后，你必须把这些钱全部都还给我。”既然可以渡过眼前的难关，里根还是很高兴的，他当即从爸爸那里拿到十几美元还给邻居，让邻居去购买玻璃，而后，才开始认真思考如何在一年的时间里挣到这十几美元，到了约定期限后好还给爸爸。

为了尽快偿还爸爸的欠款，里根根据自己的能力，承接了很多活计。因为他勤劳肯干，才半年的时间，他就挣到了十几美元，将其还给爸爸。还完欠款的里根一身轻松，事后回想起当时的情形，他说：“虽然我当时有些怨恨爸爸，觉得爸爸实在是太小气了，就连帮我赔偿玻璃都不愿意。但是现在我理解了爸爸的良苦用心，原来爸爸是想用这件事情告诉我什么是责任，也告诉我必须承担起自己的责任。”正是在爸爸用心的教养之下，里根小小年纪就深刻意识到责任的含义，也在责任的推动力下不断地学习和进步，最终成为美国总统入主白宫，也在整个世界历史上留下了浓墨重彩的一笔。

才十一岁的孩子犯了错误，如果是在中国的家庭里，很多父母都会毫不犹豫地为孩子承担责任，而根本不会向孩子追究责任。这样的全盘包办和代劳，使得孩子们根本不懂得责任的含义。而在爸爸的“冷漠无情”之下，里根想方设法承担责任，也深刻理解了责任的意义。这样的教育看似很残酷，实际上却给予孩子心灵的触动，也让孩子在切实承担责任的过程中，真正成长起来。

孩子长大的标志是什么？有人说，孩子长到一定的岁数，就是成人了；有人说，孩子只有达到一定的身高，看起来变得更加强壮，才是长大了；有人说，孩子必须完成学业，才是长大了；还有人说，孩子必须结婚生子，才算是真正长大了……每个人对于孩子的成长都有自己的评价标准，实际上，孩子是否长大，不是以年龄、身高、是否结婚为标准的，而要看孩子是否懂得承担责任，是否能勇敢地承担责任。只有勇于承担责任的孩子，才是真正长大了，才能在人生的道路上肩负起更沉甸甸的责任，对自己和他人的人生负责。

父母总是盼望着孩子快快长大，当看到孩子勇敢承担责任的那一刻，父母是欣慰的；同样，孩子也总是希望自己快快长大，然而长大并不只是长高了，变得强壮了，而是内心坚定，能够以稚嫩的肩膀承担起所有的责任。成长，从来不是轻而易举就能实现的事情，成长总是要付出一定的代价。也许每个孩子在成长的过程中学会负责，都要付出更多，也要承担更多的痛苦、磨难，经历无数的坎坷和挫折，而这恰恰就是成长的代价，就是每个人必然经历的过程。

每个孩子都要避免一个误区，那就是孩子并不因为小就无须承担责任。每个人既然来到这个世界上，享受生命的馈赠，就同时要承担起各种各样的责任。在快快长大的梦想中，孩子们一定要不断地成长，在人生的道路上砥砺前行，才能坚持奋进，即使面对失败也绝不气馁，依然满怀信心，勇往直前。要想承担起责任，除了不畏惧失败之外，还要保持坚定不移的自信。美国大名鼎鼎的总统林肯曾经说过，一个人要想成长，必须学会负责，一个人唯有不断地磨炼自己，才能真正强大起来。为了培养独立自主的优秀品格，孩子们还应该坚持自己的事情自己做，给予自己更加广阔的成长空间。要知道，孩子如果始终在父母的疼爱和无度的溺爱中成长，他们就无法真正地成长。孩子要想拥有更强的独立生存能力，要想让自己真正强大起来，就要坚持自己的事情自己做，哪怕因为失败而吃一些苦头，失败同样能给成长以经验。在不断尝试的过程中，孩子们的能力才能不断发展，孩子才能获得真正的成长和进步。

扛起责任，才能扛起人生

杰米是一个头脑灵活的人，在他所生活的年代，银行还没有那么普及，杰米从小的愿望就是开办一家银行。为此，经过长期的努力，他终于积攒了一笔钱，实现了自己的梦想。他真的拥有了一家银行，尽管这家银行的规模还很小，但是因为杰米讲究诚信，所以渐渐地来银行储蓄和借贷的客户越来越多，杰米的事业也走上正轨。正当杰米以为一切都会顺利进展下去的时候，一天早晨去银行上班的时候，杰米却看到银行遭遇了窃贼光顾，保险箱被撬开，所有的现金都不翼而飞。

杰米如同遭遇晴天霹雳，根本不知道该怎么做才好，也不知道如何面对这一切。这家小小的银行，可是他打拼多年的结果，眼看着多年的心血就这样付之一炬，杰米不得不宣布破产。按照法律规定，杰米在宣告破产之后，就不需要承担赔偿的责任，然而，杰米决定赔偿所有的储户。在此后的日子里，杰米过得非常辛苦，幸运的是，妻子和孩子始终坚定不移地陪伴在他的身边。赔偿的进展并不像杰米所想象的那么容易，然而不管经历多少艰难坎坷，杰米始终没有放弃努力。终于，在经过长达四十年的努力之后，已经年逾古稀的杰米终于偿还完最后一个储户的存款，他长吁一口气。

对于杰米而言，他并不需要承担这样一份沉重的责任，但是在危机到来的时候，杰米没有退缩，而是勇敢地承担起这份无比沉重的责任。虽然他用尽一生的时间才履行完这份责任，但是他给自己的孩子和所有的人都留下了一笔宝贵的财富，那就是对责任的义无反顾，对责任的坚持不懈。

当一个人能够勇敢地扛起属于自己的责任，他也就扛起了自己的人生。对于杰米而言，也许逃避责任是更轻松的，尤其是在这份责任不是他必须承担的情况下。但是杰米是一个有强烈责任心的人，如果让他逃脱对储蓄客户的赔偿责任，尽管他不用承担起沉重的负担，但是内心一定不会感到轻松。仅从表面看起来，承担责任的确会让人心力交瘁，而实际上，逃避责任更会让人心中不安。很多犯罪的人为了逃脱法律的制裁，亡命天涯，却在逃亡的每个夜晚都从睡梦中惊醒，这是责任在扣响他们的心扉，也是责任让他们良心不安。

孩子虽然还小，却要从小就养成勇敢承担责任的好习惯，否则孩子如果年幼的时候总是习惯于逃避责任，等到长大成人，也根本无法肩负起沉重的责任。每个人活在这个世界上，都有自己的责任和使命，在这种情况下，一定要挺直脊梁，才能真正承担起责任，才能让自己拥有更加幸福美好的未来。现实生活中，很多孩子一旦犯了错误，就会习惯性地推卸责任，殊不知，这样的他们无法主动反省，认知自己的错误，更无法勇敢地承担起属于自己的那份责任。

孩子们要想养成勇敢承担责任的好习惯，就要从日常生活中点点滴滴的小事情做起。首先，当犯错误的时候，要勇敢地承认错误，而不要为了推卸责任，总是故意把错误归咎于他人，而让自己无须承担任何责任。需要记住的是，在人生之中，每个人都有可能犯错误，每个人都需要承担各种各样的责任。真正的勇敢者能够挺起脊梁，承担属于自己的那份责任，而有些胆小怯懦的人只会推卸责任，从而在犯错的过程中迷失自我。

其次，要想做到主动承担责任，孩子们还要学会换位思考。人的本性就是趋利避害，很多人都会本能地做出对自己有利的选择和事情，这原本无可厚非。但是人是群居动物，是社会的一员，每个人要想为自己在社会生存中赢得一席之地，要想让自己傲然屹立于世，就要学会站在他人的角度上思考问题，这样才能平衡自己的内心，才能在与他人之间发生关系的时候，避免自私自利，而以为他人着想，激励自己，成就自己。总而言之，没有人能够逃避责任，也许孩子的责任不像成人的责任那么沉重，但是孩子依然要肩负起属于自己的责任，这样才能在生存中激励自己，才能因为肩负着责任而更加勇往直前。

乐于奉献的人，更懂得责任的真谛

记得在一部电影中看到，一个大概十岁的男孩失去了母亲，与父亲相依为命，后来父亲又因为在工作中受伤，导致高位截瘫，完全失去了自理能力。这个男孩失去了经济来源，还要照顾卧病在床的父亲，可想而知他的生存处境多么艰难。然而，这个男孩并没有被厄运击倒，他每天早晨先起床为父亲做饭，然后再以奔跑的速度赶到学校上学。家里没钱买菜了，他还利用放学之后的时间去垃圾桶里捡塑料瓶子，拿到废品收购站去卖。后来，男孩的事迹被学校里的老师和同学们知道，被所在乡镇的救助机构知道，男孩才得到了援助。

经济上的支持不能代替男孩照顾父亲，男孩虽然每天不用为微薄的生活费用发愁，但是他依然在奔跑，奔跑在冲到学校学习的过程中，奔跑在回家照顾父亲的路途中。这个坚强的男孩，他一定知道责任的真谛。

在大多数孩子都在享受父母无微不至的照顾时，事例中的男孩却已经以瘦弱稚嫩的肩膀支撑起了自己和爸爸的人生。他没有退路，只能勇往直前，他没有依靠，只能依靠自己。他很清楚自己的责任，所以才始终无怨无悔地为爸爸付出，为这个家付出。这就是责任的真谛，只有真正懂得责任意味着什么的人，才能勇于付出，甘于付出。

如果说事例中的男孩是小爱，承担起了对父亲的责任和义务，那么加拿大男孩瑞恩则用心中充满的大爱，承担起了对非洲难民的爱与责任。自从六岁的时候从电视节目上得知非洲难民没有水喝，瑞恩的心中就萌生出了一个想法，那就是为非洲难民挖井，让他们也能喝上干净的水。为此，瑞恩在几个月的时间里积攒了七十元钱，想要捐献给非洲难民挖井，却得知挖掘一口井至少需要七百元。对于年仅六岁的瑞恩而言，七百元无异于天文数字，但是他并没有放弃这个梦想。后来，在老师和很多热心人士的帮助下，瑞恩开始募捐。此后，小小年纪的瑞恩一直为了这个梦想而持续地努力，直到两年后，瑞恩在非洲的第一口井打好了。也许瑞恩仅凭自己的力量无法让非洲的所有难民都喝上干净的水，但是瑞恩的爱在无数人之间蔓延开来，让更多的人知道在非洲需要更多能为难民们提供干净水的井。瑞恩的爱感动了无数人，也唤醒了很多人心底的责任。

责任，是沉甸甸的，当一个人真正肩负起责任，他的肩膀上也会扛起更多人的人生和命运。孩子尽管还小，也许还需要父母照顾，但是孩子也可以有责任心，事例中的瑞恩就以他的实际行动告诉每一个人，孩子也可以肩负起责任，也能唤醒整个世界的爱。

每个孩子都要懂得奉献；奉献，正是爱的真谛。如果一个孩子不懂得奉献爱，而只知道一味地索取，那么他就无法肩负起责任。所以在日常生活中，孩子就要勇敢地付出和奉献。例如，孩子可以做力所能及的家务事，为父母分担责任；孩子可以自力更生完成自己的分内之事，不要过分依赖他人。当孩子敢于奉献，也乐于奉献，他们就会更加懂得爱的真谛，也知道责任的深刻含义。

曾经有一位名人说过，每个人都有责任，也有使命。如果说责任是小范围内的，那么使命则涉及更多的人和事情。例如，在第一个事例中，男孩是在承担起对父亲的责任，而在第二个事例中，瑞恩则是在追求整个世界的和谐，也是在追求内心的满足和精神上的升华。在扛起对非洲难民的大爱时，瑞恩也扛起了一份沉甸甸的责任。不得不说，瑞恩的责任心是很强的，他对于整个世界都怀有博大的爱。作为孩子，我们同样要拥有博爱的精神，从爱身边的人开始做起，更加努力地接纳与热爱整个世界。

在社会生活中，如果没有很多人的奉献，那么社会生活就不会这么幸福、和谐与美好。医生为了救死扶伤，把大部分的时间和精力都奉献给了病人；教师为了传递知识，培养一代又一代的孩子，把青春奉献给了三尺讲台；遇到危急的情况时，是人民子弟兵冲锋陷阵在前，把热血奉献给了人民。记得在《三个火枪手》中，每个火枪手都以“人人为我，我为人人”作为口号，这其实也是奉献精神的表现。

当然，孩子们也许无法马上就拥有博大的爱，那么就可以先对家人付出爱，先对家庭乐于奉献。在小集体中，孩子们的爱更容易得以彰显和表现，当孩子们学会爱自己，爱身边的人，随着不断地成长，他们爱的覆盖范围就会越来越大，他们也就能够真正地乐于奉献，甘于奉献。这对于孩子成长之后融入集体之中，与其他团队成员团结合作，融入这个社会，成为对社会有意义的一分子，将会起到至关重要的作用。

勇敢承担责任，得到他人的尊重

华盛顿小时候特别顽皮，对于新鲜的事物，他总是想亲自尝试一下。有一次，父亲从外面回家，带回来一把锋利的小斧头。华盛顿马上就被这把小斧头吸引住了，他特别想找个地方尝试一下这把斧头是否锋利，到底能用来砍什么东西。不过，父亲还在家里，他只能欣赏斧头，却不能拿着斧头小试牛刀。好不容易等到父亲离开家，华盛顿灵机一动，想到父亲曾经用大大的斧头一下子就把一颗粗壮的大树砍倒了，所以他也想试试这把小斧头能不能把一棵小树砍倒。

华盛顿拿着斧头在院子里走来走去，想找到一个粗细合适的树，始终没有找到。突然，他想起自家后面有一片小树林，因而当即带着斧头来到树林里。果然，树林的树很多，华盛顿很快就选中一棵粗细适中的小树。他模仿父亲砍树时候的样子，把斧头高高地举起，等到斧头带着力量落在树干上时，小树应声倒下。华盛顿兴奋不已，暗暗想道：这把小斧头简直太神奇了，居然一下子就能把小树砍倒。父亲回家之后，发现他最爱的樱桃树已经变成了躺在地上的柴火，不免怒火中烧。他非常气愤，把全家人都问了个遍，最后才问到华盛顿。华盛顿虽然看到父亲生气很害怕，却还是勇敢地承认是自己砍掉了樱桃树。出乎华盛顿的预料，父亲非但没有声色俱厉地责骂他，反而亲切地把他揽入怀中，抚摸着他的脑袋，说："孩子，你能够勇敢地承担起自己的责任，对于爸爸而言比一百棵樱桃树更加珍贵。"

华盛顿因为拿着斧头太过兴奋，居然忘记了自家后面的树林里，有一棵爸爸最喜爱的樱桃树。他一心一意只想赶快验证斧头的威力，因而无意间砍掉了樱桃树。面对父亲的气愤，他没有选择逃避以推卸责任，而是勇敢地承认错误，承担起属于自己的责任，这对于小小年纪的华盛顿而言，是非常可贵的。

一个人唯有承认错误，承担起责任，才能赢得他人的尊重。否则，面对责任只想要逃避，则只会遭人鄙视和唾弃。事例中，父亲感受到华盛顿的勇气和力量，所以能够主动地原谅华盛顿，只因为华盛顿是一个勇于承认错误也勇敢承担责任的孩子，这使父亲感到非常欣慰。

在成长的过程中，孩子们难免会犯各种各样的错误。很多孩子因为担心犯错误之后被责骂和惩罚，所以选择以撒谎的方式拒绝承认错误，也借此机会逃避责任。殊不知，这对于成长是绝没有好处的，孩子还很容易因此而误入歧途。每个孩子都渴望得到父母的认可与尊重，尤其是孩子随着不断地成长，他们的自我意识越来越强，在这种情况下，他们更希望得到父母的平等对待。然而，尊重都是自己争取到的，孩子不要因为自己年纪还小，就给予自己很多的特权，也自己宽容自己，允许自己犯下很多错误。不管是孩子还是成人，要想获得他人的尊重，首先要学会尊重他人，这样才能得到他人以尊重作为回馈。否则，一个不懂得尊重他人的人，是不会得到他人尊重的。

尊重他人除了在态度上表现出恭敬之外，更要勇敢地承担责任。当孩子以真诚对待父母，也能够勇敢地承担起属于自己的责任，则对于父母而言，就得到了孩子的尊重。没有人愿意被以任何原因欺骗，父母如此，孩子也是如此。因此面对人生中的各种错误，孩子们一定要更加勇敢坚定，才能肩负起属于自己的责任，也给予他人应有的尊重。很多孩子觉得自己还小，不需要承担责任，其实当孩子能够这么想的时候，就意味着孩子已经可以承担责任了。承担责任的好习惯要从小培养，才能让孩子在关键时刻勇敢地站出来，表现出自己的英勇气概。

第09章

自立自强：靠自己成长才能赢得尊重

现代社会，生活节奏越来越快，工作压力越来越大，每个人要想更好地生存，就必须自立自强。尤其是孩子，如果总是依赖父母活着，养成凡事都依赖父母的坏习惯，他们渐渐地就会失去独立自主的能力，也会导致人生萎靡不振。所以明智的孩子知道成长的本质，也知道必须依靠自己，才能更好地行走人生之路，也在人生中有出色的表现。

你要长成参天大树

如今，很多人对于香港首富李嘉诚的名字耳熟能详。李嘉诚拥有巨大的财富，但是他并没有因此就骄纵子女，而是在子女的教育问题上始终非常严格，也讲究方式方法。最重要的是，李嘉诚尤其重视培养孩子独立生活的能力。正因为如此，李嘉诚的孩子们全都具有很强的独立生活能力。

在李嘉诚的安排下，他的两个儿子才八九岁就开始参加董事会的会议。在会议上，他们不仅要旁听，还要认真思考，从而发表自己的意见。也许大多数人都觉得八九岁的孩子根本不足以发表什么意见，但正是在这样长期的锻炼中，孩子们最终形成了独立思考的能力，而且说起话来头头是道，对于问题的分析也很深刻，见解鞭辟入里。后来，孩子们毕业于美国斯坦福大学，然而这时，李嘉诚并不主张孩子们去他的公司里工作。他要求孩子们必须去做自己的事业，让实践证明他们是否的确有资格进入家族企业工作。后来，孩子们一个去了银行，一个去进行房地产开发，都把自己的事业干得风生水起。可想而知，当这样的两个儿子进入家族企业，李嘉诚的家族企业一定会如虎添翼，发展更好。

李嘉诚正是用这样的方式锻炼孩子们的生存能力，他虽然要求年幼的孩子参加董事会，却在孩子大学毕业后又推开孩子，拒绝孩子进入家族企业，而是让孩子去更加广阔的天地中施展拳脚，开创事业。在这种情况下，孩子们只能一切靠自己，就像没有任何家庭背景的孩子们一样，努力地开创属于自己的事业。正因为如此，孩子的能力才得到长足发展，他们也真正从稚嫩的小树苗成长为参天大树，真正让自己变得更加强大起来，也能够肩负起重要的责任。

还记得著名作家舒婷在《致橡树》之中所说的吗？要以树的形象与所爱的人比肩而立，枝叶在空中相互接触，根在泥土中彼此相依。而不要做攀缘的凌霄花，总是要依附于所爱的人，才能存在。实际上，不仅爱情之中需要彼此独立和相互扶持的关系，在很多亲密无间的关系之中，也同样需要相互理解和尊重，才能拥有更加平等和健康的关系。

很多孩子误以为父母对自己的爱是天经地义的，总觉得父母就应该对自己付出，而不计较任何回报。也许在孩子小时候，父母对于孩子的爱的确是没有任何条件的，但是随着孩子渐渐成长，父母对孩子的爱也会越来越深沉，父母对于孩子的爱渐渐地有了一定的期望，因而当孩子成长之后，与父母之间其实是需要相处的。父母当然希望孩子能够更加快速成长，也期望孩子能够成为参天大树，为父母正风挡雨。其实，不仅是对父母而言，还是对孩子自身的成长而言，都是需要不断地强大自己，才能真正勇敢面对人生的。

从这个角度而言，孩子在成长的过程中需要不断地历练自己，凡事都依靠自己，才能最大限度壮大自己，才能让自己更加理性勇敢，真正强大起来。尤其是对于青春期孩子而言，正处于身心快速发展的关键时期，更要有意识地锻炼自己，才能快速成长。当然，孩子因为年纪的限制，人生经验有限，为了帮助自己快速成长，孩子还可以勇敢地去尝试，努力做好人生中的各种事情，也要不断地挑战和超越自己。总而言之，没有任何成长是一蹴而就的，每个孩子在人生之中都要经历更多，才能不断地超越自我，才能最终成就充实而又成功的人生。

你是自己命运的主宰者

美国前总统罗斯福是一个非常坚强的人，尽管从小就有缺陷，但是他从未屈服于命运，而总是勇敢地与命运抗争。小时候，罗斯福很胆怯，每当在课堂上被老师提问的时候，他不得不深深地喘息，才能平复内心的紧张。有的时候，老师要求他背诵课文，他还会嘴唇发抖，说起话来结结巴巴，一直到坐下去，他的脸上依然写满了颓废沮丧的神色。罗斯福为何会这样呢？原来，他的牙齿长得很难看，为此他始终很自卑，无法自信地面对发言这件事情。为此，罗斯福不止一次遭到小伙伴们的嘲笑。但是他并没有因此气馁，而总是咬紧牙关，努力战胜内心的恐惧。

后来，罗斯福走上从政之路，正当他准备在政治道路上大显身手的时候，却发生了意外。原来，罗斯福在扑救山火之后，跳入河水中游泳，很快就出现身体麻痹的情况，最终被医生诊断为患上小儿麻痹症。最初，罗斯福的病情非常严重，他甚至不能站起来。罗斯福也曾经感到绝望，但是痛定思痛，他意识到自己只能坚强面对。后来，他以顽强的意志力开始了康复锻炼，最终坐在轮椅上再次走入仕途，开始参与总统竞选。身体上的残疾并没有把罗斯福击倒，他甚至更加坚强勇敢，努力地面对人生的困境。最终，他成功当选美国总统，也凭着顽强和毅力，带领美国人民走过很多困境，成为美国历史上最伟大的总统之一。

在身体的缺陷和致命的打击面前，罗斯福尽管感到绝望，最终却能够以决心和毅力战胜身体的残缺，选择勇敢地站起来，突破和超越自己，重新塑造自己。在与命运抗争的过程中，他越来越坚强，也最终能够战胜厄运，战胜自我，从而让自己身残志坚，以残疾之躯拥有更加充实成功的人生。

在成长的过程中，没有人会顺遂如意，命运总是捉弄人，给人设置各种各样的障碍。真正的人生强者，从不奢求人生是一帆风顺的，而是在面对人生困境的时候，能够始终怀着积极的信心，乐观地面对这一切。当然，成长是漫长的过程，并非只有孩子需要成长，很多成人也同样需要成长。由此可见，不管是孩子还是成人，在面对人生的时候都要采取积极的态度，才能百折不挠，勇往直前。

细心的孩子们会发现，越是饱经生活磨难的孩子，越是能够在生活的困境中崛起，他们从来不觉得生命是要蒙混过关的，而是非常努力地生活，也绝不轻易放弃。在成长的过程中，当孩子们坦然面对人生的坎坷磨难，也从容应对人生的风风雨雨，他们就会渐渐地成长起来，让自己的内心变得更加强大。相反，孩子们如果总是在平顺的环境中成长，很少经受风雨和挫折，他们就会失去生命的斗志和勇气，也在生命的磨难中意志消沉，常常情不自禁地想要放弃，或者自暴自弃。不得不说，这样的孩子也许身体强壮，但是他们的心灵是非常脆弱且不堪一击的。正如人们常说的，宝剑锋从磨砺出，梅花香自苦寒来，孩子们在成长过程中也必须经风历雨，拥有如同野草一般强韧的生命力，才能避免遭遇温室中的花朵一样的命运。

对于每一个孩子而言，不管学习成绩是否出类拔萃，也不管是否出生在优越富裕的家庭中，都应该从自身的角度出发，努力提升和完善自己，增强自己的实力，这样才能够战胜逆境，也让自己拥有坚定不移的顽强信念和不屈毅力。具体而言，孩子们要想改变命运，首先要改变心态。命运从来都是反复无常的，它不会偏袒任何人，有的时候还会把人推入糟糕的境遇之中，让人无法应对。只有微笑着面对厄运的人，只有能够强有力地扼住命运咽喉的人，才能真正地战胜厄运，主宰人生。

除了要改变心态，端正人生态度之外，孩子们要想变得更强大，还应该学会面对失败。没有人在一生之中始终成功，当遭遇失败的时候，如何面对失败往往决定了孩子最终将会拥有怎样的人生。心理学家经过研究发现，大多数人的先天条件都是差不多的，之所以有的人能够取得巨大的成功，而有些人却总是与失败结缘，就是因为他们对待失败的态度截然不同。能够从失败中汲取经验和教训，激励自己不断崛起的孩子往往更容易获得成功，这是因为他们拥有伟大的力量。相反，如果面对失败总是一蹶不振，甚至彻底放弃，毫无疑问这样的孩子根本不可能获得成功，因为他们对于人生总是不够坚定，自然也就无法踏着人生的荆棘勇往直前。

你只能靠自己

很久以前，有一对老夫妻年过半百，才有了一个儿子。对于期盼了大半生孩子的老夫妻而言，这个孩子简直就是上天赐予他们的礼物，为此他们对于孩子非常宠爱，恨不得把天上的太阳和月亮都摘下来给孩子。对于孩子提出的任何要求，他们也总是马上答应，从来不会违背孩子的心意。在父母全心全意的爱和无微不至的照顾中，孩子渐渐长大。然而，这个孩子并没有因为得到了父母所有的爱就健康茁壮地成长，相反，他非常孱弱，不但身体如同豆芽菜一般，也因为常常依赖父母，导致独立生存的能力很弱。

有一次，老夫妻因为突然有事情需要处理，所以必须马上离开家一段时间。然而，路途遥远，他们不能带着儿子一起去，就千叮咛万嘱咐，让孩子一定要照顾好自己。担心孩子不会做饭，妈妈还特意烙了一张大饼给孩子挂在脖子上，又为孩子在床头放了一罐子水。这样一来，孩子即使不想下床找吃的，也有吃有喝，不至于饿死。老夫妻离开家七八天，才回到家里。然而，等待他们的不是活蹦乱跳的孩子，而是躺在床上奄奄一息的孩子。原来，孩子在吃了嘴边的大饼之后，再也没有主动地转动大饼。所以虽然他的脖子后面和脸颊侧面都还有很多大饼，但是他并没有吃到嘴里。又因为不小心打翻了水罐子，孩子也没有下床去找水喝，而是就这样躺在床上，任由自己饿死、渴死。老夫妻这才意识到问题的严重性，不由得责怪孩子：“你这个孩子怎么这么懒惰呢，连转动一下脖子上的大饼，下床去找一些水喝，都不愿意吗？真是饿死活该啊！”后来，在当时医疗技术不够发达的情况下，这个孩子因为身体严重受损，还是死了。老夫妻尽管伤心欲绝，却彼此安慰：孩子这么懒惰，根本没有办法养活自己，等到我们百年以后，他也是死路一条，所以也没有必要感到惋惜了。

老夫妻不知道的是，不是孩子天生懒惰，而是因为他们无微不至的爱，导致孩子最终变得非常懒惰，也只能被活活饿死。如今，很多孩子都是独生子女，很多父母都把所有的爱毫无保留地倾注到孩子身上。他们却不知道，对于孩子而言，这样的爱不是爱，而是害，只会导致孩子在成长的道路上失去自理能力，也最终走向灭亡。

理智的父母不会成为孩子的依赖，他们在孩子小的时候全心全意地照顾孩子，等到孩子渐渐长大，他们就会意识到应该培养孩子的独立性，从而让孩子具备独立生活的能力，也不至于因为过度依赖父母，导致在生存中遭遇过多的困境。

从心理学的角度而言，依赖强者是人的本能，每个人都想在依赖强者的过程中，给自己找到更多的庇护和依靠。一个人尽管可以依靠父母成长，却不能通过一味地依靠找到人生的幸福。归根结底，人只能依赖自己，也只能凭着自己的力量收获充实成功的人生。虽然人是群居动物，从本质上讲，人应该是独立的个体。很多孩子都因为自己对父母的依赖心理而感到困惑，与其花费时间百思不得其解，不如努力提升和完善自己。人生的路终究是需要独自去走完的，父母即使再疼爱孩子，也不可能陪伴孩子一生。当父母老去，需要子女为他们支撑起一片天空，已经习惯了依赖的孩子，如何能够反过来照顾父母，也与父母相互依存和扶持呢？所以孩子不要觉得自己还小，就总是处处依赖别人，也不要理所当然地依赖父母。人总是在不断成长的过程中，才能最终成就自我。孩子同样要不断地尝试和挑战自我，不断地突破自身的局限，才能最大限度打开心扉，才能真正地完成对于自己的塑造和锤炼。

当然，每个孩子并非生而就能够独立，而是要在成长的过程中有意识地锻炼自己，不断地增强自己的能力，才能更加具备独立的基础。例如，当在生活中遇到小小的困难时，不要第一时间就求助于父母，而要努力勇敢地独自面对。没有人从一出生就什么都会做，孩子更是要经历从不会到会的过程，才能不断地成长起来。孩子从第一次独立吃饭，到第一次独立做饭，从第一次独立上学，到第一次离开家去陌生的地方，这期间必然要经历漫长的过程，也需要孩子们坚持成长。每个孩子的人生之路，都是从最初的不会，到最后的会，在不断坚持的过程中，他们在尝试，也在犯错，最终才能真正成长起来，成为完全独立的生命个体。

除了应付生活中的很多第一次和若干小难题之外，孩子们还要具备吃苦的精神。如今，太多的孩子都养成了娇滴滴的个性，他们已经习惯了接受父母无微不至的照顾，根本不能独自承受人生的风雨，承担起人生中沉重的责任。为此，他们哪怕经历小小的挫折，也会感到身心俱疲，歇斯底里，哪怕在人生的道路上遇到小小的障碍，也无法迎难而上，勇往直前。由此可见，对于孩子而言，最重要的是要端正对人生的态度，也以正确的姿态行走在人生的道路上。其实，失败是成长的阶梯，也是成功之母。每个孩子唯有勇敢地接纳失败，面对失败，才能在成长的道路上摔倒了，爬起来，继续勇敢向前。父母不应该过多地扶起孩子，孩子也要知道自己唯有习惯了在跌倒之后爬起来继续前行，才能以更加昂扬的姿态面对人生，才能在人生的道路上坚定不移地前进。

靠自己生存，活出精彩人生

很多人都不理解身为富二代的王强为何要从事二手房经纪工作。众所周知，二手房经纪行业是非常辛苦的，很多家里没有背景，经济也很差的年轻人，为了靠着努力改变命运，往往会从事这个行业，想靠着辛苦的付出和拼搏的泪水，让自己的人生崛起。从事这份工作，不管是寒冬腊月，还是三九严寒，都要出门跑业务，带着客户四处看房。有的时候一个夏天过去，从业人员都晒爆皮了，变得跟黑炭一样。正因为如此，大家才不理解王强为何要从事这份行业，毕竟王强家里的经济条件很好，而且他是独生子，按理来说他完全可以在大学毕业去家族企业工作，根本无须吃这份苦啊！

每当被人问起这个问题，王强总是解释：“虽然我的父母有企业，但是他们还年轻，可以自己打理企业。我才刚刚大学毕业，需要学习的东西还很多，我想在外面开创属于自己的事业，也证明自己的能力。说不定我经过一番努力，还能做出比父母更伟大的事业呢！”听到王强的这样一番解释，很多人都对他竖起了大拇指：“如今有那么多的富二代啃老，不是富二代的人也恨不得有马云当爸爸，你却这么努力，着实让人钦佩。”

的确，王强说得很有道理，没有人规定孩子只能靠着父母生存，也没有人规定孩子只能继承父母的家族企业。为了证明自己的实力，也证明自己可以自力更生创造充实的人生，很多富二代哪怕有资本啃老，也愿意以自己的努力开拓人生，缔造命运。总而言之，人生从来不能获得一蹴而就的成功，只有不懈地努力，才能坚持进步，才能创造人生的奇迹。

孩子虽然还小，却也要更加确定自己的身份，端正自己的人生态度，从而积极地努力进取，为人生创造更多的可能性。对于孩子而言，越是处于人生的学习阶段，越是应该努力向上，积极进取，才能抓住人生成长的黄金时期，不断地提升和完善自己，也让自己真正强大起来。

现实生活中，还有很多孩子总是过分依赖他人，不仅在生活上需要他人的照顾，而且在心理上也特别依赖他人。当面临人生选择时，依赖性强的孩子总是犹豫不决，不能果断作出选择，长此以往，他们必然会陷入困境之中，也会因为迟疑不定失去人生中很多宝贵的机会。

机遇，对于每个人而言都是至关重要的。如果孩子们不能积极地抓住人生的机遇，不能非常努力主动提升自我，那么就无法抓住千载难逢、转瞬即逝的好机会。孩子们要想成就自我，拥有充实的人生，靠着自己的努力活得精彩，就要抓住人生中的各种好机会，从而在面对人生中的各种难题时，才能做到坚决果断，绝不退缩。具体而言，孩子要想提升自我，要想在人生中勇往直前，就要努力做好以下几点。首先，要有充分的自信。在生命的历程中，作为社会的一员，很多人都会有与他人意见相左的时候，在这种情况下，如果自己已经思虑周全，就要坚定不移地相信自己的选择，而不要随意地动摇，或者不假思索地就采纳他人的意见。其次，要敢于坚定不移走好自己的路，哪怕遇到他人的干涉，也绝不改变。当足够坚持，就能有独属于自己的收获，也会在人生的道路上更加坚定不移，勇往直前。再次，做好自己力所能及的事情，也勇敢地作出自己的选择，而不要迷信他人。当觉得他人错误时，也能勇敢地否定他人，坚持自己的主见，在这种情况下，也许自己的选择未必正确，或者因此而承担后果，但每个孩子正是在这样的过程中才能不断地成长，也最终走到人生的辉煌之中。最后，尤其是在遇到难题的关键时刻，一定不要盲目地寻求帮助。很多缺乏自信的孩子在危急时刻宁愿听从他人的建议，也不愿意积极主动地作出自己的选择，这其实是他们害怕承担责任。实际上，不管决定是谁作出的，最终每个人都要承担起属于自己的担子，也必须坚定不移地走好属于自己的人生之路。既然如此，与其被动地行走人生之路，不如主动一些，在人生的道路上奔跑起来，说不定还能发现别人不知道的风景呢！总而言之，没有人的成长是一蹴而就的，也没有人的成长是一帆风顺的，既然人生注定要经历磨难，笑着也是一天，哭着也是一天，我们就要笑着度过人生的每一天，也要在人生的道路上砥砺前行，遇到任何磨难都绝不放弃。唯有内心坚定不移，我们才能真正变得强大起来，才能在人生之中创造属于自己的成功和美好的未来。

人生的路需要大胆往前走

提起高然，很多人都觉得他是一个传奇。他正如自己的名字一样，在人生之中始终揣着热情的梦想，也以此点燃自己所有的激情。正是因为这样的努力，高然才会在年纪轻轻的时候就有上亿身价，才能在互联网业上为自己赢得一席之地。原本，高然的人生应该和大多数高考落榜的孩子一样平庸无奇。高考落榜后，高然不愿意留在家里愁眉苦脸，当即就背起行囊去了遥远的深圳。天资聪颖的他因为表现出色，才过了半年，就被提升为中层管理者，每个月的月薪高达五千元。对于当时才十七岁的高然而言，这样的薪水当然是很高的，但是高然有着远大的梦想，不想因此就禁锢自己的一生。为此，没过多久他就辞掉工作，回到学校继续参加高考。这一次，他取得了很优异的成绩，进入了梦寐以求的高等学府——清华大学。

大学毕业后，生性好动也勇于挑战自己的高然进入一家报社，成为一名记者。此后，他对每一个采访任务都非常重视，也特别认真。凭着拼命三郎的精神，也凭着对于工作的积极主动，他把记者的工作做得风生水起，很快在行业内就小有名气。后来，高然不甘于当一名记者，因而决定下海经商。他拿着自己几个月的时间里呕心沥血才制订的商业计划书四处拉赞助，却没有结果。一个偶然的机会，高然在参加科技博览会的时候认识了蒋锡培。蒋锡培对于高然的印象非常好，原本计划给高然的项目投资一千万元，结果遭到董事会的反对。出于对高然的信任，蒋锡培以个人名义为高然投资一百万元，这一百万是高然下海之后得到的第一笔风险投资。正是凭着这一百万元，高然让自己的人生腾飞了。才短短的两年时间里，他就创办了直播网络媒体，身家过亿。不得不说，高然的成功得益于他一切靠自己的果敢和热情，如果没有这样的魄力，高然便不能放弃高薪考上大学，也不能在大学毕业后创业成功，成为资产过亿的成功企业家。

人人都想拥有璀璨辉煌的人生，然而如果只把自己装在套子里，不能勇敢地面对人生，也不能无畏地迈出人生中通往成功的第一步，则一切的金点子都会变成毫无意义的空想，也根本不可能给人生带来更多的收获和更美好的未来。事例中的高然正是以热情和激情点燃了人生，所以才能如同飞一般在人生的道路上前进，也以真正的实力为自己代言，成功地攀登上人生的巅峰。

现实生活中，未雨绸缪当然是好的，但是有很多人总是表现出过度的小心，这样一来也就变成了杞人忧天，除了束缚自己的手脚之外，对于解决问题没有任何好处。实际上，人生固然需要小心翼翼地谨慎行事，而过分小心却要不得。这是因为过分小心的人总是束手束脚，无法在人生中有更加果断的抉择，特别是在面对两难的选择时，他们往往止步不前，根本不可能真正把握人生。人生的道路，需要大胆地往前走，这是因为人生的每一步都既有成功的可能，也会面临风险。在这种情况下，若总是束手束脚，为了逃避承担失败的恶劣后果，甚至连成功的机会也放弃了，不得不说这是因噎废食，也会让人生止步不前，甚至完全退步。

人生的路总是需要勇敢和坚定不移，这是因为人生并非都是平顺的道路，而有可能遭遇各种坎坷挫折。尤其是在生命的关键时刻，更有可能面临巨大的风险，需要攀登高峰，才能获得胜利。到底是因为畏惧困难而退缩，还是迎难而上，这看起来是一时的选择，实际上是由人生态度决定的，也会对于人生起到至关重要的影响作用。孩子一定要从小培养自己勇敢向前的好习惯，才能在人生的道路上勇往直前，才能在未来获得更多的收获，拥有更多的心得感悟与深刻体会。

面对人生，一个始终退缩不前的人，和一个始终勇敢主动、积极向上的人相比，得到的结果也必然不同。每个人在人生的道路上都要勇敢地去尝试和实践，才能走出属于自己的道路。否则如果因为胆怯总是止步不前，总是为自己找各种各样的借口逃避责任，这样的人生也许可以平安无忧，但是一定不会有令人瞩目的成就和突出的效果。有人说心态决定人生，实际上这句话是很有道理的。作为孩子，我们一定要拥有积极的心态，也以昂扬向上的态度面对人生，才能不断地在人生中有所收获，才能在人生的道路上走得更好，更长远。

第10章

积极乐观：心中是乐观的世界就是美好的

要想拥有幸福快乐的人生，乐观是必不可少的人生态度。人们常说，心若改变，整个世界也随之改变。也有人说，每个人眼中看到的世界，正是世界折射在他们心中的样子。既然如此，每个人都要拥有积极乐观的心，才能看到美好的世界，才能拥有积极向上的人生。

积极乐观，让生命充满阳光

2018年3月14日，举世闻名的伟大科学家霍金去世了。霍金的去世让整个世界都为之惋惜哀叹，因为霍金对于人类科学的发展作出了伟大的贡献。实际上，霍金是一个重度残疾者，他在21岁的时候，患上了严重的肌萎缩性侧索硬化症，这个病症又叫卢咖雷氏症。患有此症的人，生命随时可能结束，而且当时根本没有药物可以治愈此症，甚至连延续生命都做不到。得到这个消息，霍金和家人都如同遭遇晴天霹雳，要知道霍金才21岁啊，正是人生中最好的青春年华。医生诊断，如果情况乐观，霍金还可以活两年。对于这样的现状，家人简直痛不欲生，霍金向来乐观，反而在全家之中第一个恢复镇定，也当即决定要快乐充实地度过人生中最后的两年时间。

也许是因为霍金的乐观、积极和努力感动了命运，在霍金醉心于科学研究的过程中，命运没有对他太残酷。霍金居然打破了命运的魔咒，一年又一年地活了下来。他的生命力非常顽强，也让很多医生都对此感到万分惊讶。有一次，霍金去参加学术报告，等到霍金作完报告之后，在自由提问的时间里，一名记者以很同情的语调问霍金："霍金先生，您已经在轮椅上度过了二十年的时间，未来的人生中，您依然要以轮椅作为自己最亲密的伴侣，对此，您是否感觉命运不公，是否憎恶命运的安排呢？您觉得自己的一生是否太不值得呢？”这位记者的提问太犀利，原本会场上热烈的讨论马上消失，整个会场都陷入一片沉寂之中。大家都知道，这一定是霍金心中的隐痛，为此，他们不确定霍金将会如何回答这个问题，也不知道霍金是否会在这一生的痛苦面前失去控制，歇斯底里。

就在大家都纷纷表示担心的时候，霍金的脸上浮现出笑容。尽管只有一个手指头能动，但是霍金用这一个手指在键盘上敲击出答案：“我的大脑还能转动，我还有一个手指可以表达我的思想，我一生之中都在为了实现梦想而努力，我还拥有热爱我的家人和朋友，我也爱他们，这对于我的人生而言已经足够，因为我有一颗感恩的心……”看到这番话语，在场的人全都热烈盈眶，他们被霍金感动了，毫不犹豫给予霍金热烈的掌声。掌声经久不息，霍金的精神也长存不灭。如今霍金虽然已经离开了这个他恋恋不舍的世界，但是他永远活在人们的心里，他的名字也是科学历史上璀璨的明珠，照亮了无数后来者的路。

感恩生命还在延续，所以我们还能看见鸟语花香，还能感受心脏的跳动，还能让思维发声，还能与最爱的人彼此凝视。当拥有一颗感恩的心，我们就不会埋怨命运赐予我们的太少，也不会因此对命运怨声载道，而是能够发自内心真诚地感谢命运，也能够以坦然的心面对自己的一生。否则，一个自怨自怜的人，根本不配拥有好运气。与其浪费宝贵的时间和精力去抱怨，不如最大限度激发出人生的潜能，让人生充满奋发向上的力量。

一个人唯有保持内心的乐观和积极向上，才能拥有幸福美好的人生。否则总是在人生中悲观失望，自怨自怜，则很容易陷入生命的困境之中，甚至根本无法成功有效地改变命运。尤其是孩子，一定要从小养成积极乐观的好习惯，才能勇敢面对人生的逆境，才能突破人生的困境，超越和成就自我。

以形象的比喻而言，积极的人就像是太阳，总是能给自己的世界带来光明，也能给身边的人带来明媚的心情。而消极的人呢，他们总是自哀自怨，不但自己的内心充满消极的负能量，而且会给身边的人带来坏运气。不得不说，这样的人生是很悲观的，也会让好运气消失得无影无踪。当孩子从小养成积极乐观的好习惯，不管在人生中遭遇怎样的困境，都能够坦然面对，那么人生就会是积极向上的。思维也是有习惯性的，对于人生的态度更是会影响孩子们的一生。越是在小时候，正处于各种观念形成的关键时期，孩子们就越是要积极主动，形成良好的人生态度，也让人生有更好的状态，这样才能奠定孩子一生幸福的基础。

人生从来不是一帆风顺的，就像天气不可能永远晴朗一样。在人生之中，每个人都会感受到幸福快乐，也会面临很多困境。每个人都不要奢求人生静好，没有愁苦，包括孩子在内，人人都会遭遇人生的磨难。在遇到坎坷挫折的时候，一味地抱怨并不能解决问题，既然哭着也是一天，笑着也是一天，我们就应该笑着度过人生的每一天，这样也不枉来到人世间走一遭，更不枉在人生的道路上亲身经历一次。

《愚公移山》的故事告诉我们，即使面对再大的困境，只要能够坚持不懈地去努力，最终就能够战胜困难。《精卫填海》的神话传说，也向我们灌输了“人定胜天”的思想。这一切都告诉我们，每个人都是命运的主宰，都能最大限度成为生命的主人。前提是，每个人都要坚定不移地战胜人生的困境，每个人都要最大限度地改变人生的困厄状态。记住，生命是不可重来的过程，对于每个人而言都只有一次机会。如果因为怯懦就失去主宰生命的好时机，那么人生就会陷入更大的被动状态中，根本无法自拔。所以哪怕是孩子，也要对于人生怀着热情和激情，这样才能在人生之中有所成就，也创造美好和充实的人生。

降低欲望，拥有一颗善于感受快乐的心

很久以前，国王有一位快乐的厨师。这位厨师真的很快乐，不管给国王准备饮食多么忙碌，他都口中哼着歌，脸上带着笑。渐渐地，连国王都妒忌这位厨师，因为国王日理万机，常常为各种事情烦恼，所以他想不通厨师为何这么快乐。终于有一天，国王忍不住问厨师："你为何这么快乐呢？"厨师想了想，反问国王："我为什么不快乐呢？"国王回答不出来这个问题，不知道厨师有什么理由不快乐。国王依然问："难道你就没有一点儿烦恼吗？"厨师笑起来，说："我有工作，您很喜欢吃我做的菜，我家里的妻儿老小也都有饭吃，这样一来，我还有什么不满足的呢？"

后来，国王和一个智者讨论起关于快乐的问题，也询问智者是否知道厨师为何那么快乐。智者说："我虽然不知道厨师为何这么快乐，但是我知道如何让他不快乐。"国王突然产生了强烈的好奇，想要看一看厨师不快乐的样子。因而，他按照智者所说的，命人把一袋子金币扔在厨师下班必经的路上。果然，厨师捡到了一袋金币，他欣喜若狂，回到家里认真仔细地把金币数了好几遍，最终确定袋子里只有99枚金币。厨师很苦恼，因为他想拥有100枚金币，为此，他几乎一整夜都没有睡觉，始终都在辗转反侧，思考自己如何才能得到1枚金币，从而把99枚金币变

成100枚金币。

次日，国王认真观察厨师，发现厨师果然愁眉苦脸。国王问厨师：“你怎么了？”厨师把自己的遭遇讲了一遍，又向国王表达了他想再得到1枚金币，从而拥有100枚金币的心愿。国王很慷慨地赏赐给厨师1枚金币，然而，厨师依然不快乐。国王问厨师：“你为什么还不快乐？”厨师懊恼地说：“我虽然拥有了100枚金币，但是我觉得我们的家太破旧了，因而我想买一套新房子。然而，一套新房子要花去几十个金币，这样一来，我的金币就远远不够100枚了。”国王看着厨师愁眉苦脸的样子，不由得暗自好笑：智者的方法果然有效。后来，国王问智者：“厨师平白无故得到99枚金币，应该觉得开心才对啊，为何反而郁郁寡欢呢？”智者说：“一个一无所有的人不会奢望自己拥有100枚金币，厨师正是在拥有99枚金币之后，才感到懊恼，希望自己拥有100枚金币。一个一无所有的人不会异想天开要买新房子，厨师正是在有了金币之后才想购置新居，但是这样一来，他所有的金币就会花掉很多，他当然觉得难过。随着拥有的越多，人的欲望就会越强，距离快乐也就越发遥远。相反，只有清心寡欲，对生活无欲无求的人，才能感恩自己现在拥有的一切，也发自内心感受到幸福和快乐。”智者的话让国王茅塞顿开，国王真正明白厨师为何感到郁郁寡欢了。

在这个事例中，原本一无所有的厨师对于生活的要求很低，即只要能够保障全家人衣食无忧就好。正是无意中捡到的这袋金币，让厨师陷入了欲望的旋涡之中无法自拔。他先是想得到1枚金币，从而让自己拥有100枚金币，后来又想购买一幢房子，却不想失去这100枚金币中的任何一枚。正是在欲望的旋涡中，他距离简单纯粹的快乐越来越远，而最终变得心力交瘁。

适度的欲望能激励人们不断地努力，改变命运，而过度的欲望则只会让人陷入欲望的深渊之中无法自拔，也导致人感到心力交瘁，甚至被欲望驱使着远离人生的幸福快乐。所以每个人在人生之中一定要努力控制好欲望，这样才能在生命的历程中不断地崛起，也真正把握人生，主宰命运。

正如有一位名人所说的，这个世界上并不缺少美，缺少的只是发现美的眼睛。的确如此，如果人人都善于发现美，也用心地感受美，相信整个世界都会因此而变得更加美好，也值得人们去用心地对待。同样的道理，这个世界上也并不缺少快乐，只是因为太多人的心过于贪婪，所以才会被各种欲望诱惑，陷入欲望的无底深渊，才会在不能满足的欲望中感受到深刻的、无法控制的痛苦。其实，人活着并不需要太多的物质作为支撑。就像很多大富豪，也只是一日三餐，睡觉的时候占据一张床而已。很多人之所以喜欢攀比，被欲望奴役，只是因为他们太爱比较，也爱慕虚荣，所以才会导致人生陷入无边的黑暗中，无法自拔。

要想拥有快乐，人人都要清空自己的心灵。诸如，不要总是一味地沉浸在欲望之中无法自拔，也不要总是对于欲望妥协。只有减少欲望，才能清心寡欲，才能让自己的心中容纳更多的幸福快乐。否则，如果人心就这样在欲望中沉沦下去，也完全忘记了自己在生命最初的本能，人们就会远离快乐。对于孩子而言，也许他们在呱呱坠地之时对于生命只有吃喝拉撒的需求，但是随着不断地成长，他们的需求越来越多，欲望也越来越多，在这种情况下，他们也距离简单纯粹的快乐越来越遥远。由此可见，快乐与欲望是成反比的，所索求的越少，快乐就越多。相反，所索求的越多，快乐就越少。归根结底，我们要学会降低欲望，才能最大限度收获快乐。

学会放下，把握当下

作为一名伟大的画家，梵高年轻的时候并不出名，而且生活窘迫。即便如此，他还是力所能及地帮助别人。然而，也许是艺术家的特质，也许是郁郁不得志，梵高始终非常消极，也常常为了生活中不值一提的小事而陷入苦思冥想和悲观绝望之中。

当年，才二十多岁的梵高去矿区里担任老师，类似于今天的支教，是没有报酬的，而且生活条件很艰苦。梵高每天和矿工们一起吃喝，即使在矿区，他也从未懈怠，而是努力地做好自己的本职工作。有一次，矿区里发生爆炸，矿工们全都一窝蜂地往外跑，只有梵高在跑出去之后又折返回来，原来他要救助一个被掩埋的矿工。为此，教会里的人不能继续容忍梵高留在矿区，梵高不明白：自己明明是为了帮助矿工，为何反而要被赶走呢？他陷入极度的郁闷之中，几乎每天都关上门苦思冥想，却始终没有找到问题的答案。家人看到梵高如此沮丧和绝望，当着梵高的面把一瓶牛奶狠狠地摔碎在地上。梵高不知道家人的用意，疑惑地问："这是做什么？"家人指着流淌了一地的牛奶说："看看吧，牛奶已经摔碎了，无论你多么伤心懊恼，这些牛奶都无法复原。如果你想喝牛奶，只能重新拿一瓶，而这一瓶已经无法挽回，一去不返了。"听着家人的话，梵高恍然顿悟：如果人生始终在为打翻的牛奶哭泣，又如何能够一往无前地面对未来呢？从此之后，梵高再也不为已经发生的事情懊恼，而是努力向前看，也打起精神来应对人生中很多的糟糕情况。

印度大文豪泰戈尔曾经说过，如果你因为错过太阳而始终在哭泣，那么你终究错过美丽的群星。每个人在人生之中都既有得意，也会经历很多的失意。与其为了错过什么而不断地忏悔和懊恼，反而把眼下正在经历的人生也耽误了，不如积极主动地面对人生，勇敢地把握当下，这样至少能够及时止损，也能够擦干泪水，在人生的道路上继续前行。

有人说，人生有三天，昨天、今天和明天。的确如此。人生有三天的时间，昨天已经过去，成为不可挽回的历史，明天还未到来，完全是未知的。在这种情况下，与其为了已经成为历史、无法更改的昨日而烦恼，不如勇敢地把握当下，为了拥有幸福美好的明天铺垫基础。无数个昨天都是说今日的流逝，无数个明天都要依靠今天去奠定基础，由此可见在人生的三天之中，只有今天才是我们能够真正把握的，也能够切实起到承上启下的作用。既然如此，我们都要活在当下，都要积极努力地面对人生，才能最大限度打开心扉，也激发出生命所有的力量，给予生命最美好的未来。

孩子们，你们是否因为自己无意间犯下的一个错误而懊丧呢？你们是否因为陷入后悔之中甚至错失了把握在手中的机会，也导致原本可以做好的事情更加糟糕？你们是否因为逝去的一切，而连美好的明天都渐行渐远？如果你们也曾经有过这样的情况，那么从现在开始就努力地调整好心态，让自己积极明媚，活好当下，也迎接未来的吧！面对已经打翻的牛奶，也许会有一刹那的心疼和可惜，但不要长久地陷入这样的负面情绪之中。唯有积极地擦干眼泪，也鼓励自己在人生的道路上再接再厉，我们才能真正成就自我。人生短暂，是经不起浪费的。

对于孩子而言，要想不为打翻的牛奶哭泣，要想积极地面对人生和未来，首先要满怀自信。诗仙李白曾经说过，天生我材必有用，每个孩子既不要妄自尊大，也不要妄自菲薄，唯有最大限度激发出生命的力量，给自己的人生创造更多的可能性，才能拥有充实而又成功的人生。否则总是在人生之中不停地抱怨，也愁眉苦脸地面对人生，最终只会错过人生中的好机会，也导致人生陷入被动的境遇之中。很多孩子通过语文课程的学习，都认识了鲁迅笔下的《祥林嫂》。原本，人们对于祥林嫂的悲惨遭遇都满怀同情，也能够耐心地倾听祥林嫂的倾诉，然而，随着祥林嫂倾诉的次数越来越多，他们对于祥林嫂越来越不耐烦，曾经对祥林嫂的同情也变为了厌烦。这个世界始终处于变化之中，没有人能够脱离时代的进步而保持静止不动的状态，所以人人都要与时俱进，才能最大限度激发生命的力量，既让自己摆脱不堪回首的过去，也让自己能够从失败中汲取经验和教训，从而真正把握人生。

常言道，人贵有自知之明，所谓自知之明并不是一味地谦虚，也不是一味地陷入懊丧之中无法自拔，而是要客观公正地认知自己，也要适度评价和正确衡量自身的能力。不自信的人不能够全力以赴奔向人生的目标，而过于骄傲自大的人也常常因为过分高估自己而陷入尴尬的处境中。唯有对自己不卑不亢，切实中肯地评价自己，才能充分发挥自身的能力，也以最佳的态度自处。人生从来不是顺遂如意的，当他人的人生那么顺利，而自己的人生却总是遭遇坎坷挫折时，不要抱怨，因为当你走过坎坷泥泞，就会迎来人生的春天。当在人生中春风得意马蹄疾的时候，不要沾沾自喜，更不要得意忘形，唯有得意之时也不忘乎所以，每个人才能最大限度提升和完善自己，也让自己在人生的道路上披荆斩棘，勇往直前。

面带微笑，让快乐成为人生的好习惯

几十年前，在美国纽约，有个小男孩离开了人世。因为可恶的疾病，他的生命戛然而止，永远停留在十六岁。所有认识这个男孩的人，都为男孩的离世而悲痛，但是他们也都牢记着男孩的笑容。因为笑容，因为积极乐观的精神，男孩始终活在他们的心中，从来不曾离去。

男孩叫奥拓，是一名初中的学生。奥拓从小就很喜欢运动，进入初中之后，更是如愿以偿地加入学校的足球队，成为主力队员。在奥拓的带领下，整个足球队都表现出火一般的热情，也在球场上挥汗如雨，为学校赢得了很多荣誉。然而，奥拓突然觉得自己的左腿非常疼痛，有的时候，这种疼痛简直是钻心的，让他无法忍受。一开始，父母以为奥拓是因为过度运动，所以才会导致腿部太过疲劳。没想到在去医院检查之后，才发现奥拓患上了骨癌。为了保全性命，奥拓接受了截肢手术，同学们都为奥拓感到惋惜，因为奥拓以后再也不能踢球了。奥拓却乐观地说："失去了一条腿，但是命保住了，我真是赚大发了。"后来，奥拓申请加入足球队，当后勤人员，教练答应了他的请求。此后，每当有足球训练或者比赛的时候，奥拓总是非常积极地提前去到赛场上，为队友们做好准备工作，也做好服务工作。

当大家都以为奥拓能够以这样的方式继续留在赛场上时，却发现奥拓缺席了。大家都很纳闷，不知道奥拓为何没有来到赛场上。比赛一结束，大家就找到教练打听消息，这才知道奥拓的癌症复发了，已经扩散到全身。大家都赶到医院里看望奥拓，奥拓脸色苍白地躺在病床上，依然笑着对大家说："没关系，我很快就会回去的。"然而，奥拓没有再离开医院，一个月后，奥拓奄奄一息，对着来看自己的队友和同学们，他勉强笑着说："我爱你们，我会永远和你们在一起的。"几天之后，才十六岁的奥拓离开了人世，每一个人认识他的人都深深地记住他，也以与他相伴而行人生之路为骄傲。

奥拓才十六岁，却身患绝症。他先是失去了自己的一条左腿，接着又失去了宝贵的生命。面对命运突如其来的打击，奥拓始终坚强地微笑着，不向厄运屈服，也把自己的力量传递给身边的每一个人。当厄运来袭的时候，笑着也是走过人生的最后一段路，哭着也是走过人生的最后一段路，那么我们是选择微笑还是哭泣呢？既然结果不能改变，我们不如笑着面对人生，点燃自己心中的希望之光，也带给他人更温暖的感受。

人世间的很多事情，的确是努力了就有结果，也能够改变命运的。但是有些事情是根本无法逆转的，即使努力去改变，拚尽全力地去做，也只能赚取问心无愧和无怨无悔而已。既然如此，是放弃，还是顽强地坚持到最后一刻？真正的人生强者会选择后一个选项，因为他们知道生命的真谛不在于最终的结果如何，而在于过程。

也许有些孩子会说，努力了未必有回报。的确如此，命运就是这么神奇，也常常捉弄人，让努力付出的人也未必能够得到自己想要的结果。然而，换一个角度来想，努力了未必有回报，而不努力则绝无可能得到回报。这就意味着，相对于成功的可能性，努力远远比不努力更好。在感到伤心绝望、身心俱疲的时候，不如强颜欢笑吧。很多人对于情绪与行为之间的关系都存在误解，觉得是情绪影响人的行为，实际上，心理学家经过研究证实，人的行为也会反过来影响情绪。这就意味着当一个人强颜欢笑的时候，他的心情也会好起来。从这个角度而言，假装高兴，也能够真正地调动情绪，让自己真的高兴起来。

微笑是每个人最美丽的妆容，当一个人以微笑来装饰自己，他不但能够从微笑中汲取力量，也可以通过微笑把力量传递给其他人。微笑就像是一剂灵丹妙药，能够拯救人于水火之中，也能够帮助人们修复内心的伤口，化解心灵的伤痛。在人生的各种灾难之中，微笑着的人总是能够拥有更强大的力量，也能够鼓起勇气面对一切的坎坷挫折和风雨泥泞。记住，人生中没有过不去的坎，也没有绝对的绝境。曾经有一位记者采访一位百岁老人，问这位经历过封建社会和战火与硝烟，历经千辛万苦才来到新时代新社会的老人，对于人生有怎样的感悟。老人笑着说了一个字——熬。乍听起来，这样的回答未免太过简单，也让那些憧憬对于人生的华丽感悟的人感到失望。而实际上，人生的真谛的确就是熬。只有熬过人生的艰难坎坷，只有在任何的逆境中都咬紧牙关不放弃，只有微笑着面对人生中的一切，只有始终怀着快乐的心境呈现出含泪的微笑，才能真正熬过人生中艰难的时刻，才能走过整整一个世纪，却对人生如此淡然从容。

每一个孩子都要学会承担命运的一切赐予，因为没有人能够改变命运，既然如此，不如就调整好自己的心态，从容地迎接命运，坦然地面对命运。即使面对再大的伤害，只要心中有希望，只要始终以微笑面对一切，就能够最大限度激发生命的力量，从而给予人生无限的可能性。

不与别人比较，只与自己比较

一直以来，小丽都觉得自己的内心沉甸甸的，似乎压着块巨石，总是喘不过气来。实际上，小丽并不是不优秀，相反，她非常优秀，学习成绩在班级里名列前茅，而且有丰富的兴趣爱好，不但擅长唱歌跳舞，还擅长绘画，简直就是个多才多艺的大家闺秀。然而，小丽唯独对于自己的一点不满意，那就是虽然学习成绩很好，但是总是屈居于楼下的邻居——爸爸妈妈同事家的孩子——小雅之后。原来。小雅自从升入初中，就是班级里雷打不动的第一名。对于小雅的表现，小丽从羡慕到嫉妒，现在就是赤裸裸的恨意了。她想不明白为何自己不管如何努力，都会被小雅比下去，也想不明白为何自己这么优秀，却总是要被小雅的成绩压制。

小丽越来越不快乐，原本应该享受骄傲的女孩，陷入了被动的状态之中，学习成绩也有所下滑。妈妈不知道小丽发生了什么事情，误以为小丽早恋了。后来，在妈妈的引导下，小丽才说出心中的苦恼，妈妈安慰小丽："乖女儿，你已经非常优秀了。你只要与自己比，不要与别人比。你想，你的学习成绩从小学到现在都出类拔萃。最重要的是，你在紧张忙碌的学习之余，还要兼顾兴趣爱好的发展，其实你的付出和努力，爸爸妈妈都看在眼里，也始终以你为骄傲呢！"小丽郁闷地说："但是小雅的成绩每次都比我高几分。"妈妈说："当然，你想要赶超小雅也是很好的意识，毕竟竞争无处不在。不过，你只要努力、尽力就好，没有必要因为自己不能超过小雅，就觉得苦闷。你既要看到小雅的长处，也要看到自己的长处，这样才能以愉快的心情享受自己的人生。否则，你把赶超小雅作为自己的人生目标，岂不是很可笑吗？"在妈妈的劝说下，小丽终于解开了心中的疙瘩，再也不觉得自己不如小雅，也不为此而郁郁寡欢了。

在这个事例中，综合实力远远超过小雅的小丽，之所以总是闷闷不乐，就是因为她总是拿考试分数与小雅比。实际上，对于多才多艺的小丽而言，能够实现均衡发展已经是非常厉害的，根本没有必要盲目地和小雅比。

每个人都有自己的优势和特长，我们既不要因为拿自己的优点和他人的缺点比而盲目自信，也不要因为拿自己的缺点和他人的优点比而盲目自卑。只有把自己曾经的成绩作为比较和衡量的标准，才能找回内心的平衡，才能真正做到内心的淡然平静。归根结底，人不是为了比较而存在，每个人都有自己存在的价值和意义，也有人生的目标和规划，只有放下比较，在人生之中更加坦然从容，才能真正活出自我，也拥有独属于自己的成功人生。

在人生的舞台上，我们最重要的就是扮演好自己的角色。也许我们没有显赫的家世，也没有独特的才华，但是我们有一颗坚定不移的心。试想，一个人如果连自己都不能接受和善待，又如何敞开心扉和怀抱拥抱这个世界呢？现实生活中，很多孩子对于自己不满，有的孩子嫌弃自己长得不够高，有的孩子觉得自己的皮肤不够白，还有的孩子怪自己不会投胎，没有一个马云当爸爸。不得不说，当一个人对于人生始终怀着抱怨的态度，那他只会越来越被动，也会完全陷入怪圈之中无法自拔。对于任何人的人生而言，最重要的在于要接纳自己，悦纳自己，认可自己，欣赏自己。与此同时，还要怀着宽容的心接纳他人，也真诚地肯定和欣赏他人。常言道，人贵有自知之明。在这个世界上，每个人都是特立独行的生命个体，都是彼此独立又彼此影响的。当然，人与人的能力和水平也参差不齐，不尽相同。在这种情况下，我们唯一要做的就是成就最真实美好的自己，而无须把自己与他人比较，更无须因为比较而让自己的内心失去平静，陷入动荡不安之中。

想清楚这一点，孩子们才能摆脱盲目自卑，才能在生命的历程中扬起自信的风帆，怀着充足的信心和莫大的勇气，在人生之中远航。

幽默，是快乐的点金石

作为美国第三十四任总统，艾森豪威尔毕业于西点军校，是个不折不扣的军人。为此，他看起来很严肃，总是一副不苟言笑的样子。但是，这只是不熟悉他的人对他的印象，熟悉他的人都知道，实际上他是一个非常幽默风趣的人，所以也总是能够在工作中营造生动愉快的氛围，给身边的人带来快乐。

1944年，艾森豪威尔负责欧洲战区，当时的美国总统是罗斯福，英国首相是丘吉尔。从这个角度而言，也可以说艾森豪威尔的主要工作就是在罗斯福和丘吉尔两个人之中不停地周旋。最终，艾森豪威尔取得了欧洲战场的胜利，成为不折不扣的大英雄。开完庆功会，相关的人员都聚集在一起讨论统帅，如何才能带领全体将士在战场上获得胜利。对此，最有发言权的艾森豪威尔什么也没有说，而是拿出一根绳子放在桌子上。他先是推动绳子的一端，结果绳子纹丝不动，接下来，他又拉住绳子的一端，这一次绳子轻轻松松就动了。这时，艾森豪威尔才向大家解释："统帅要想带动全体将士，就要用拉的方法对待他们，先以身示范，给将士们作出表率，凡事都起到带头作用，亲力亲为，而不要总是躲在后面推，否则就不会起到任何作用。"在这番形象而又幽默风趣的描述之下，大家全都明白了艾森豪威尔的意思，并且都会意地哈哈大笑起来。

艾森豪威尔不仅幽默风趣，而且非常机智，即使在突发情况下，也能以自嘲为自己解围。有一次，他在结束演讲后准备下台，没想到因为脚底下一滑，狠狠地摔倒在地。台下的听众们全都哈哈大笑起来，随从赶紧走上前去扶起他，并且关切地询问他："将军，你还好吗？"艾森豪威尔说："当然。我很好，因为我发现就算我磨破嘴皮子，也没有这样实实在在地来一下子，更能够让大家士气高涨。"话音刚落，听众们全都停止笑声，转而全体起立，满怀敬意地给了艾森豪威尔经久不息的热烈掌声。

幽默的人不但自己很快乐，最重要的是，也能够给身边的人带来快乐。就像艾森豪威尔一样，他能利用幽默把一个深刻的问题轻松地阐释清楚，达到深入浅出、生动形象的效果；也能够利用自己的机智，进行适度的自嘲，给身处困境的自己解围。和中国人的传统与严肃相比，西方国家的人更重视幽默。很多单身的男女青年在寻找人生伴侣的时候，都以是否幽默作为一项选择的标准。可想而知，幽默对于他们来说就像水和空气一样，是生命中绝对不可缺少的。

现实生活中，每个人都有很多复杂的情绪，如果内心中充满了负面抑郁的情绪，则会导致人们陷入被动的状态之中，不但自己郁郁寡欢，也导致身边的人提不起精神来。相反，如果人们能够调整好自己的情绪，让幽默占据心灵，则负面情绪就无处遁形，只能被幽默的积极情绪中和，或者被驱赶于无形。对于孩子而言，更要拥有一颗幽默乐观的心。每一个孩子都不应该少年老成，因为孩子处于无忧无虑的童年阶段，理应感受到纯粹的快乐。如果孩子心事太重，小小年纪就陷入忧愁和焦虑之中，那么随着不断地成长，他们就会更加远离快乐。只有从小养成快乐的好习惯，孩子们才能一生都与幸福快乐相伴。

需要注意的是，幽默不是低俗的玩笑，也不是不讲原则地油腔滑调，更不是故意讽刺和挖苦他人，把自己的快乐建立在别人的痛苦之上。幽默是智慧的最高表现形式之一，幽默是灵活机智的表现。当然，要想具备幽默的品质，孩子们也需要有意识地培养自己，还要在日常生活中多多积累和锻炼。例如，想要幽默的孩子应该多读书，所谓腹有诗书气自华，多读书的孩子还能够拥有更多的素材，也增强自己的思维能力，从而在必要的时候幽上一默，给人际交往带来更多乐趣。此外，在很多尴尬的情况下，孩子们不要一味地承担难堪，而要积极地思考，这样才能帮助自己打开思路。也许在第一次遭遇尴尬的时候，孩子们无法及时作出反应，但是经过思考之后，当第二次遭遇尴尬的时候，孩子们一定能够及时作出反应，从而及时地表现幽默，也最大限度地给自己加分。一个善于幽默的人还有宽容的内心，他对于他人无心或者有意的伤害，能够最大限度地承受，也以幽默化解现场的尴尬，让自己和他人都变得从容。总而言之，幽默既是难能可贵的品质，也是智慧的最高表现形式，还是人际相处的润滑剂，能够让人与人之间的关系更加融洽，也始终保持和谐友善。

第11章 大度宽容：心中有雅量，人生的舞台就更宽广

常言道，退一步海阔天空。在人生的道路上，绝非狭路相逢勇者胜，反而是能够宽容对待他人的人，更能够博得他人的认可和尊重，也因为豁达，会在人生之中拥有更多成功的可能性。尤其是在复杂的人际关系中，与其一味地与人为敌，还不如以容人之量，真正做到化敌为友，这样才能把敌人变成朋友，也增强自己的实力。

严于律己，宽以待人

在深山里的寺庙中，有一个老禅师。老禅师有好几个徒弟，每天晚上晚饭之后，老禅师就要求徒弟们早早入睡，次日清晨早起诵经修行。有一天晚上，老禅师和往常一样在院子里巡查，突然发现院墙的一个角落里，放着一个高高的凳子。老禅师当即意识到是有小徒弟出去玩耍了，他原本很生气，想要狠狠地责罚徒弟，但是转念一想，一味地惩罚未必能收到良好的效果。为此，他拿走椅子，静静地守候在墙角。当听到院墙外面传来走路的声音时，老禅师就弯腰驼背，把自己当成椅子，在墙角等着小徒弟下来。因为天色已经很黑了，夜色浓重，小徒弟踩着禅师的后背下来，一开始并不知道是师父在给他当板凳，直到站到地上，回头去看，才发现自己是踩着师父的后背下来的。

小徒弟非常紧张，生怕自己受到老禅师的责骂。不想，老禅师只是淡淡地说："天色已经晚了，也比较凉，你快回去睡觉吧，睡觉之前记得喝点儿热水。"小徒弟不知道该说些什么，一溜烟地走了。后来，再也没有发生过徒弟夜晚翻墙出去玩耍的事情。

假如老禅师狠狠地批评徒弟一通，也许会激起徒弟的逆反心理，导致徒弟翻墙出去偷玩的行为更加严重。老禅师有很高的智慧，所以他采取宽容的态度对待徒弟，这样一来，徒弟再也不好意思故意违反老禅师的规定，尤其是翻墙出去玩的小徒弟还是踩着老禅师的后背回到院子里的，他却得到老禅师的宽容对待，更不会再犯同样的错误。

现实生活中，很多孩子都会犯心思狭隘、苛责他人的错误，这是因为他们已经习惯了宽容对待自己，而对他人则非常严苛。实际上，这样的做法恰恰是错误的，因为一个人理所应当对自己严格，而对他人宽容。当人人都能以责人之心责己，而以恕己之心恕人，那么人与人之间的关系就会变得更加简单，人际关系也会更加和谐融洽。

大名鼎鼎的成功学大师卡耐基也很擅长人际相处，他就曾经说过，一个人如果想指出别人的错误，首先要谦逊地承认自己的不足，进行深刻的自我反省和自我批评，这样才有助于中肯地为他人提出意见和建议，也有利于建立良好的人际关系。反之，一个人如果总是挑剔和苛责别人，也总是毫不留情地指责他人，则会导致人际关系恶劣。常言道，金无足赤，人无完人，实际上每个人都不是十全十美的，都会存在各种缺点和不足。在这种情况下，每个人在指责他人之前，都应该首先认真地反省自己，从而对他人起到更好的榜样作用。所谓身先示范，就是这个道理。

每个孩子都处于人生成长的关键时期，身心都处于快速的发展和成长之中，因而更是会出现各种各样的错误。在人际相处的过程中，孩子们更要认真审视自己，这样才能理性地指出别人的错误。人的本能是趋利避害，没有人愿意被他人批评，而人人都喜欢接受赞美。当然，这也并不意味着在人际交往中我们只能阿谀奉承别人，凡事皆有度，过度犹不及，我们一定要把握好合适的度，才能在人际交往的过程中与他人适度交往，也以恰到好处的方式对待他人。

要想做到严于律己，宽以待人，首先要做到换位思考。孩子们要学会站在他人的角度考虑问题，这样才能把问题想得全面，才能理解他人的苦衷。当不理解他人的选择时，这样的考虑能够帮助孩子们平复心情，也保持理性对待他人。其次，还应该严格要求自己，从而努力提升和完善自己。正如一首古诗里所说的，不识庐山真面目，只缘身在此山中。对于孩子而言，虽然对自己是最熟悉的，但是对自己也是最陌生的。在这种情况下，孩子们唯有严格要求自己，也经常进行深刻的自我反省，才能更深入地认知自己，也客观公正地评价和衡量自己。

做到严于律己，宽以待人的最重要一点，在于要有一颗勇于承担责任的心。当发现自己犯错的时候，一定不要急于寻找各种借口推卸责任，而是要马上勇敢地承担起责任。从本质上而言，犯错误并不是糟糕的事情，因为错误能够表现出人的缺点和不足，也提醒人们应该从哪些方面努力提升和完善自己。此外，错误还是孩子们不断成长的阶梯，让孩子们从错误中汲取经验和教训，从而理性地成长，积极地进步。总而言之，每个孩子都应该严格要求自己，才能快速成长，又要宽容对待他人，才能建立良好的人际关系，也让自己的人生拥有丰富的人脉资源。

从另一个角度来说，宽容对待他人，也是对他人的督促。有的时候，我们想要改变一个人，未必使用严厉的惩罚手段就能达到这样的目的，在很多情况下，反而宽容更能够起到积极的作用，也能够切实有效地督促他人改变。

不要斤斤计较，否则自寻烦恼

自从有了小妹妹甜甜，乐乐就不能完全独享爸爸妈妈的爱了。虽然爸爸妈妈之所以决定再生一个，完全是因为乐乐纠缠着他们想要一个小弟弟或者小妹妹，但是等到小妹妹真的出生，乐乐还是感到很大的不适应。例如，在小妹妹刚刚出生的那段日子里，爸爸妈妈、爷爷奶奶几乎把所有的注意力都放到小妹妹身上，乐乐尽管已经7岁了，但是他不想被忽视，所以内心觉得很不平衡。有的时候，乐乐简直后悔：我真是脑袋被驴踢了，才会想要一个小妹妹，不然爸爸妈妈、爷爷奶奶都围着我转，那该多好啊！

随着小妹妹不断成长，渐渐地开始学会和乐乐抢东西了。例如，有的时候乐乐新买了一本书，小妹妹尽管看不懂，也喜欢把书抱在怀里用嘴巴啃。乐乐觉得很无奈，看着新买的书被小妹妹啃得到处都是口水，乐乐终于忍不住爆发："你这个屁家伙，为何总是要与我作对，惹我生气呢！"看到乐乐歇斯底里的模样，妈妈很惊讶："乐乐，你小时候也很喜欢啃书啊，小孩子都喜欢这么做。"乐乐委屈地说："但是我不喜欢小妹妹啃我的书，真不知道我为什么要要个小妹妹。"听到这句话，妈妈意识到乐乐的情绪状态，也引起了足够的重视，当即对乐乐说："乐乐，小妹妹虽然是你要的，但是既然小妹妹已经出生了，你就不要觉得她是附属品。你和小妹妹一样，都是爸爸妈妈的心肝宝贝。尤其是你作为哥哥，更应该爱护小妹妹。你想想，你小时候，家里只有你一个孩子，全家人都疼爱你，关注你。小妹妹出生之后呢，她是第二个孩子，所以全家人既要照顾小妹妹，也要照顾你。而且你是爸爸妈妈的第一个孩子，所以爸爸妈妈会更加疼爱你。你觉得，你是不是比小妹妹更加幸运呢？"听到妈妈的话，乐乐陷入沉思，突然茅塞顿开："妈妈，你说得有道理。为了弥补小妹妹，我以后也要很爱小妹妹，这样小妹妹虽然没有得到爸爸妈妈全心全意的爱，却多了一个哥哥来爱她，也很好，对不对？”妈妈欣慰地笑了，告诉乐乐：“妈妈小时候最羡慕有哥哥的女孩，因为她们多了哥哥的疼爱，就像小公主一样。以后，你也宠爱妹妹，好不好？因为你是她的哥哥啊，等到她长大了，一定也会把你当成她最亲近和疼爱的人。你想想，很多孩子除了父母，没有最亲近的人，但是你不一样，即使爸爸妈妈老了，还有妹妹在陪伴着你，是你最亲近的人。”乐乐听了妈妈的话，感动得眼眶都红了。他对妈妈说：“妈妈，放心吧，以后我再也不对妹妹斤斤计较了，我要和你们一样疼爱她。”

很多有二胎的家庭中，尤其是在二胎刚刚出生的时候，都会情不自禁忽略对老大的关注，导致老大觉得自己被忽视，因而内心失去平衡，甚至因此而抱怨二胎的出生。实际上，这是因为父母对于老大的关注和疼爱不够导致的。对于有二胎的家庭来说，要想处理好老大和老二之间的关系，最重要的就是更加关注老大，从而让老大也把爱与关注倾注到老二身上，这样一来不但父母和老大的关系会更好，老大和老二的关系也会更好。

如今，很多家庭都只有一个孩子，导致孩子从小就得到父母和长辈所有的爱与关注，在这样“万众瞩目”的环境中成长，孩子们自然越来越习惯独占家里所有的资源，也独得家人所有的疼爱。正因为如此，孩子们渐渐地不会分享，也不喜欢有兄弟姐妹的生活。实际上，父母要有效地改变孩子的这种心态，帮助孩子养成心胸开阔的好习惯，也让孩子学会分享。即使家里没有兄弟姐妹和孩子一起成长，分享成长的喜悦，父母也可以与孩子分享。当然，对于更大一些的孩子而言，在意识到自己已经养成了吃独食的坏习惯之后，还可以有意识地与父母分享，与朋友分享，从而渐渐地帮助自己敞开心扉，接纳朋友，也接纳这个美好的世界。

要想做到心胸开阔，不斤斤计较，孩子们就要学会控制自己。其实，拥有开阔的心胸不但有利于建立良好的人际关系，对于孩子自身的身心发展也是有好处的。有心理学家经过研究发现，如果孩子们心胸狭隘，总是斤斤计较，那么他们不但会面临身体健康受到损害的威胁，而且会导致自己气血淤积，郁郁寡欢。显而易见，长期处于这样的不良情绪中，对于孩子的成长和发展都是极其不利的。此外，孩子们还要学会控制自己的情绪。正如一位名人所说的，每个人最大的敌人就是自己，其实这并不是说每个人都与自己为敌，而是告诉我们一个人要想成为自己的主宰，就要努力控制好自身的情绪。当然，要想减少生气的频率，不与他人斤斤计较，也不自寻烦恼，最重要的在于要调整好心态，宽容对待他人，也能够设身处地为他人着想。每个人都有自己的苦恼和难题，面对他人为了解决自身苦恼而作出的各种决定，我们一定要表示理解，也坦然接受。人人都有作出选择的权利，我们不能干涉别人的权利，也不要因为别人使用了自己的权利，就对他们产生各种怨愤。在现实生活中，有些事情是通过努力可以改变的，有些事情则注定了某一种结局，即使再怎么努力也无法改变。所谓既来之，则安之，正是告诉我们随遇而安的人生道理。

包容的心，让你收获成功

作为美国的第一任副总统，第二任总统，亚当斯自幼就有超常的智慧，因而被人们称之为“神童”。亚当斯在学习方面总是出类拔萃，20岁就在哈佛大学获得法学硕士学位，毕业后，他顺利地成为一名律师，也在法律工作方面有出色的表现。当美国开展独立运动的时候，亚当斯也承担了重要的角色，为独立运动立下了很大的功劳。为此，人们将他与杰斐逊、华盛顿并称，赞美他们是美国独立运动中不可或缺的“三杰”。

亚当斯在担任副总统之后，成功当选总统，这不仅是因为他出色的才华，也是因为他有宽容的气度，所以才赢得了美国民众的支持和拥护。亚当斯才刚刚上任美国总统，就面临着美国与法国关系剑拔弩张的困境，为了选出一个统帅带领美国军队战胜法国，亚当斯否定了人们让他担任统帅的提议，而是请出了华盛顿。对于亚当斯的这个决定，他身边的人全都表示否定和反对，因为他们害怕华盛顿再次担当重任，很有可能威胁到亚当斯总统在美国民众心目中的地位和在美国政界的职位。然而，亚当斯放下了个人的利益，而把国家的利益看得高于一切。他义无反顾地写信给华盛顿，还在信中赞誉华盛顿的名字所拥有的力量，远远超过一只军队的力量。对于亚当斯真诚的赞美，华盛顿感动不已，当即表示必当全力以赴。幸好，后来美国与法国达成和解，才让这场战争消散于无形。而亚当斯的宽容大度，把国家利益看得高于一切的觉悟，则得到了美国民众的口耳相传，争相传颂。

后来，有一位记者采访亚当斯，问道：“作为现任美国总统，您当时真诚邀请前任总统华盛顿担负起统帅的重任，您是否担心前总统华盛顿的出现会威胁到您的政治地位呢？”对此，亚当斯淡然地说：“尺有所短，寸有所长，我虽然是现任美国总统，但是不代表我能带着美国的军队战胜法国军队。但是华盛顿总统显然具有这样的能力，所以我只能让最合适的人去做最合适的工作。”

在这个事例中，面对国家的安危，亚当斯没有把个人的地位和政治前途作为首要考虑，而是当即想到应该把战争时期最重要的统帅职务交给华盛顿。这样宽容博大的胸怀，当然能够征服美国民众。常言道，将军额头能跑马，宰相肚里能撑船。一个人要想获得成功，小肚鸡肠是不可取的，只有拥有博大宽容的胸怀，也真正勇敢地面对人世间很多不如意的事情，才能真正做到海纳百川，有容乃大。

孩子虽然还小，却依然可以拥有博大的胸怀，唯有养成宽容的好习惯，孩子们才能在人生的道路上有更好的发展。否则，如果孩子们在与人相处的过程中总是小肚鸡肠，在面对人生困境的时候又总是耿耿于怀，甚至对于自己都不能做到悦纳，那么孩子们又要如何面对不如意的人生呢？一个人唯有懂得宽容自己，悦纳自己，才能以更友善的态度对待和接纳这个世界。此外，从人际相处的角度来说，每个人还要学会谅解他人。常言道，金无足赤，人无完人，这个世界上没有任何人是绝对完美的，也没有任何人是无可挑剔的。每个人都是独特的生命个体，都有自己的思想、观念和见解，也有自己的脾气秉性。所以在与人相处的过程中，我们要学会理解和谅解他人，所谓江山易改，禀性难移，对于他人独特的脾气秉性，我们也要足够包容和理解。

为了陶冶情操，拥有良好的情绪和博大的胸怀，孩子们还应该多多亲近大自然，在大自然的熏陶中感受鸟语花香，也拥有一颗敏感细腻、宽容友善的心。很多细心的孩子们会发现，当心情不好的时候，当内心焦虑不安的时候，如果能够走入大自然之中欣赏绿叶红花，也感受生命的律动，那么就会拥有好心情，也会让内心变得更加柔软和宽容。总而言之，人不是一天就长大的，孩子也并非生而就能够做到宽容。宽容是后天养成的良好品质，一个人唯有内心博大，才能收获更多，才能获得充实的人生。

宽容，是给彼此更多机会

对于香港首富李嘉诚的大名，无人不知，无人不晓。其实，李嘉诚之所以有今日的成就，并非因为他有显赫的家世，了解李嘉诚生平的人知道，李嘉诚原本广东潮州人，是在十二岁那年跟随家人一起去香港逃难，才到了香港落地生根。刚刚去香港的时候，全家人都没有落脚之地，只能暂时寄居在舅舅家里。小小年纪的李嘉诚就开始寄人篱下，因而学会了察言观色，学会了隐忍，也学会了苦楚都隐藏在自己的心里，宽容地对待他人的薄待。

因为家境贫困，李嘉诚不得不小小年纪就辍学，开始四处打工挣钱，为父母减轻养家糊口的负担。然而，他从未抱怨过父母不给他读书和求学，也没有抱怨过自己命运不济。李嘉诚非常勤奋，对待每一份工作都严谨认真，在二十岁的时候就因为出色的工作表现，被提升为塑料花厂的负责人。在工作中，他用心地积累经验，不断地进步。后来，当他拥有了人生的第一笔启动资金——辛苦积攒的7000美元，当机立断就创办了塑胶厂。从此之后，李嘉诚在商海里起起伏伏，始终在努力奋斗，哪怕遇到坎坷挫折也绝不轻易放弃，更不会灰心绝望。因为李嘉诚作为商人从不奸诈，反而真诚和宽容地对待他人，所以他很快就为自己树立了威信，也让自己得到了众多合作伙伴的认可和赞许。

有一次，李嘉诚与美国商人签订了合作协议之后就加紧生产，就在即将交付货物的时候，美国商人突然单方面撕毁协议，不愿意继续履行合同了。工人们为此愤愤不平，但是，面对美国商人提出的赔偿允诺，李嘉诚宽容地说："生意不成仁义在，虽然你们不要货了，但是我的货还在。你们一定是遇到了难处，才会不能继续履行合同，我不能落井下石。我可以寻找新的卖家，以低廉的价格把商品出售给他们，等到时机合适时，我们再继续合作吧。”就这样，美国商人没有承担任何责任，就终止了合同。事后，李嘉诚就把这件事情放下了，转而开始寻求新的合作。没想到的是，两年之后，另一位美国商人主动找到李嘉诚要求合作，而且给了李嘉诚一个很大的项目。借着这个项目，李嘉诚赚取了很多利益。但是他不知道这位美国商人为何指名道姓要与自己合作，直到合作结束，这位美国商人才告诉李嘉诚：“两年前，我有一位美国朋友因为资金问题与您终止合作，您却没有追究他的违约责任。他告诉我您为人很好，待人宽厚，所以我才不远万里特意来与您合作，因为您是值得信任和托付的。”李嘉诚恍然大悟，也为那位美国商人的知恩图报感激不已。

如果李嘉诚当初落井下石，追究美国商人的责任，那么后来就不会有与另一个美国商人的合作。人是感情动物，在现实生活中，每个人都有可能遇到各种各样的困难和阻碍。因而在被别人无心伤害的时候，与其追究别人的错误，或者抓住别人的错误不放手，不如宽容大度地对待别人，这样才能以德报怨，真正赢得他人的真心，也真正征服他人。李嘉诚之所以在事业上发展顺利，不是因为他精于算计，而是因为他大肚能容，宽以待人。很多与李嘉诚合作过的人都知道，李嘉诚从来不会把合作伙伴的利润压到最低，反而会主动让利给合作伙伴，因为他知道唯有长远地合作，才能为他赚取更多的利益。

有位名人曾经说过，生气是用别人的错误惩罚自己。的确如此，当我们因为他人的错误而陷入极度的愤怒之中，其实怒火还在继续灼伤我们的心灵，也会导致我们因为愤怒而丧失理智，反而做出更加冲动过分的举动。中华民族历来以宽容作为一种美德，也以宽容作为人生中极高的生存智慧。一个人如果很宽容，就不会轻易地因为别人的错误而迷乱心智，也不会不假思索地用别人的错误惩罚自己。一个人如果很宽容，就能友善地对待这个世界，也能够将心比心，从而尽量为他人着想，也站在他人的角度思考问题。

然而，现实生活中很多人都把宽容挂在嘴边，真正能够做到宽容对待他人的人，其实少之又少。孩子在成长的过程中也难免会遭遇很多伤害，或者在人际相处的过程中与自己亲近的亲人、朋友之间产生误解。在这种情况下，唯有宽容，孩子们才能平复自己的心境，也有效地恢复理性，从而在处理问题的时候杜绝冲动和盲目，也尽量圆满地解决问题。孩子们更要学会放下，不要总是把对他人的仇恨和敌视放在心上，也不要总是对于他人的一切举动都斤斤计较。常言道，大肚能容容天下难容之事，笑口常开笑天下可笑之人。当孩子们都像大肚笑脸的弥勒佛一样宽容友善，人生也必将充满欢声笑语。

以德报怨，让你真正征服他人

楚庄王在与他国的斗争中取胜，非常高兴，因而决定邀请文武百官在朝廷里召开庆功宴。楚庄王非常高兴，所以还破例把自己最宠爱的妃子叫出来，和他一起给朝臣们敬酒。朝臣们看到楚庄王这么高兴，也全都放开酒量喝了起来，一时之间，皇宫里莺歌燕舞，大家全都乐不思蜀。

正当宴会进行到高潮时，突然一阵风吹过，蜡烛全都被吹灭了。正当此时，王妃感觉到自己的手被一个陌生的大手紧紧地抓住，手的主人甚至想要趁着黑暗和混乱亲吻她。王妃非常聪明，也很机智，她没有声张，而是趁机扯掉了那个登徒子的帽缨。挣脱登徒子的手之后，王妃马上拿着帽缨去向楚庄王告状。她对楚庄王说："刚才突然一片黑暗，有个人趁机抓住了我的手，还想非礼我。我扯下了他的帽缨，一会儿等蜡烛都点燃了，您看看谁没有帽缨，就抓住他。"楚庄王听说居然有人胆敢调戏他的王妃，不由得非常生气。然而，他转念一想："今天是庆功宴，在座的都是有功的大臣，如果不能给予他们嘉奖，反而因为惩罚大臣而坏了兴致，则一定会让大臣们都心灰意冷。"为此，他对王妃说："爱妃，不要生气了，今天是高兴的时刻，怪罪他们，反而坏了兴致。这件事情就过去吧，你也不要生气了。"说完，楚庄王站起身对大臣们说："今天是个高兴的日子，咱们全都拔掉帽缨，这样才能更加尽兴。今天没有君臣，只有出生入死的兄弟。"就这样，全体大臣都拔掉帽缨，为此楚庄王的王妃根本看不出刚才是谁调戏了她。大家不明就里，只有那个因为被楚庄王的王妃拔掉帽缨的人，心中默默地感激楚庄王。

三年后，楚庄王在与晋国的大军对抗的过程中，好几次差点儿失去性命，幸有一位大将誓死保护，才能性命无忧。事后，楚庄王特意感谢那位大将，也询问那位大将为何要誓死保护他，大将扑通一声跪倒在楚庄王面前，说："大王，三年前我在庆功宴上喝多了酒，对大王的王妃做出非分之举，但是您非但没有惩罚我，还故意让每一个人都拔掉帽缨，从而让我得以免除死罪。我的性命是大王给的，我愿意追随大王，为大王出生入死。"楚庄王恍然大悟，他当年的宽容挽救了这位大将的性命，而这位大将也在战场上救了他好几命。

楚庄王的宽容之举，不但挽救了大将的性命，而且间接地拯救了自己的性命。由此可见，宽容是一个人的美德，不但能够庇护他人，也能够庇护自己。德国大名鼎鼎的哲学家叔本华曾经说，一个人应该宽容，而不要怨恨和仇视任何人。海纳百川，有容乃大，大海之所以能容纳大江河流，是因为大海把自己放得很低，才能地处洼势，才能成就自己的博大。

人的胸怀也应该和大海一样宽容博大，能够容纳无数的江河湖海，也能够以德报怨，从而真正地化解与他人之间的矛盾和纷争，把怨恨消散于无形。孩子们一定要知道，多个敌人多堵墙，多个朋友多条路，与其用仇恨斩断自己与他人之间的感情，也让人际关系变得生硬和危险，不如以宽容对待他人，从而拥有广阔的胸怀，也收获真正纯真深厚的友谊。

曾经有位名人说，这个世界上最宽阔的是海洋，然而，天空比海洋更宽阔，人的胸怀则比天空还要宽阔。为人处世，每个人都会遇到各种各样的坎坷挫折与磨难，这个世界上没有过不去的坎，也没有不能做成的事情。只要与人为善，以宽容和善良对待他人，而且能够胸怀广阔，给予他人更多的宽容和理解，我们就能与他人之间建立良好的关系，也能够与他人交好，从而为自己的成长营造良好的人际交往氛围，也以自己的宽容博大真正地征服他人的心。常言道，冤冤相报何时了，就是在告诉我们循环往复地报复，只会让人生陷入死胡同，也会导致人生最终被逼入绝境。

宽容使人生的路越走越宽，而狭隘的思想和极端的报复，只会使人生的路越走越窄。明智的孩子从来不会揪住别人的错误不放，而是能够以己之心度人，从而想到他人也有自己的苦恼，也有面对的难题，这样一来，就能站在他人的立场和角度上思考问题，也能够真正做到以德报怨，给予自己的人生更多的轻松与快乐。

第12章

感恩善良：传播爱的人才是最幸福的人

现代社会，尽管很多人都金钱至上，与人相处时总是急功近利，实际上，真正决定人际关系的并不是钱，而是爱。一个人唯有宽容博爱，才能最大限度收获人生的幸福，也只有拥有善良且懂得感恩的心，才能在生命之中知足，才能让自己成为爱的使者，把爱传递给所有人，让爱洒满人间。

成为一个有爱心的人

在一个寒冬腊月的下午，天上飘着鹅毛大雪，西北风凛冽地吹着，似乎要把地面上的一切都吹到天上去。能见度很低，几米之外都看不清楚，有一个小男孩穿着单薄的棉衣，顶着风艰难地前进。在大风的裹挟下，雪花也不那么温柔了，而是肆虐而来，呼啸而去。男孩又冷又饿，一只手抱着他出售的产品，一只手插在裤兜里取暖，紧紧地捏着他仅剩的一毛钱。他很想吃点儿什么，但是他知道一毛钱什么也买不到。他觉得心灰意冷，想起开学的学费还没有着落呢，他觉得前途暗淡，没有出路。

走着走着，男孩来到一户人家的面前。他用已经冻僵的手敲了敲门。过了好一会儿，门开了，一个女孩出现在男孩面前。男孩很紧张，结结巴巴地说："请问，可以给我一杯热水吗？"女孩看着男孩青紫的脸庞，知道男孩一定冻得够呛，因而答应了男孩的请求，转身走入房子了。足足过去好几分钟，女孩才回来。出乎男孩的预料，女孩端来的不是一杯清水，而是一杯美味香浓的牛奶。男孩忐忑不安，他不知道这杯牛奶值多少钱，也不知道自己要怎么付账。然而，他双手捧着这杯牛奶，心中也温暖起来。他一小口一小口地喝着牛奶，过去很久才把牛奶喝完。男孩不好意思地问女孩："对不起，我没有很多钱。请问这杯牛奶值多少钱，我会想办法付给你的。"女孩说："这杯牛奶不需要钱，妈妈告诉我赠人玫瑰，手有余香，能帮助你我就觉得很快乐了。"男孩向女孩道谢，离开的时候，他觉得自己浑身都充满了力量。

若干年后，男孩从医学院毕业，进入大城市的医院工作。有一天，他接到同事的通知要为一位女性患者会诊，当看到患者的病历上赫然写着自己家乡的名字时，男孩不由得心中一凛：难道这个女人是当年好心给我一杯牛奶的女孩吗？他按捺不住激动，赶紧跑到病房去看。果然，虽然时光流淌了十几年，但是女人依然有着作为女孩时的娟秀面容。男孩回到会诊室，当即告诉每一位参与会诊的医生："这是我的恩人，我一定要全力以赴治好他，谢谢各位。"经过两个多月的治疗，女士在进行大手术之后，终于恢复了健康。虽然身体还有些虚弱，但是她知道医院里的费用很昂贵，也不确定自己能否支付得起医药费，为此，她再三请求出院，护士只好答应了她的请求。

当护士拿来结算单的时候，女士简直不敢睁开眼睛。她知道，也许自己倾家荡产，也不足以支付昂贵的费用。然而，当看到费用那个栏目时，她看到赫然写着："一杯牛奶。爱德华医生。"看着这几个字，女士突然想起十几年前那个风雪交加的下午。她感动得流下眼泪。

在这个事例中，女孩在给男孩一杯热牛奶的时候，从未奢求过得到男孩的任何回报。她之所以帮助男孩，是因为她喜欢帮助他人，也喜欢把爱传递到人世间。然而，命运的安排总是很神奇，甚至超乎人们的想象。十几年之后，命运之手把身患绝症的女士带到她曾经帮助的男孩面前，其实女士不知道的是，当她给了男孩一杯热牛奶，不但让男孩感受到温暖，也让因为无法筹集学费而心灰意冷的男孩心中再次燃起希望，下定决心无论如何都要完成学业。正是那一杯牛奶的付出，才有了如今医术高超的医生，女士才能获得救助。

爱不仅会在两个密切相关的人之间传递，也有可能会在更多的人之间传递。人间有大爱，整个社会才会充满温情和感动，人与人之间的关系才会更加深入发展。在付出爱的时候，我们不要奢求回报，因为真正的爱是没有附加条件的。命运最终会作出最好的安排，会给善于传递爱的人，以最好的回报和感动。

胸怀大爱，才能成为爱的使者，让爱通过自己的传递洒满人间。几十年前，一首《爱的奉献》，让韦唯走入人们的视野，她的歌声也让很多人都眼含热泪，感动不已。人是感情动物，每个人都是独立的生命个体，也是社会的一员，都要在与人相处的过程中建立良好的人际关系，建立深厚的感情，从而为社会生活奠定良好的基础。对于孩子而言，也许获得和感受爱很重要，但是更重要的是，要能够付出爱。爱就像流水，在人与人之间流淌，让人在感受爱的同时，也能够传播爱，从而让整个人类社会都充满大爱，人与人的关系也更加和谐融洽。

很多孩子都曾经在运动会上亲自参与或者看过接力赛。实际上，爱的传递就如同人与人之间的接力赛一样。我们要成为爱的使者，拿着爱的接力棒传递给他人，既造福于他人，也能够成就自己。在这个过程中，不但接受爱的人会感受到温暖，传递爱的人也会因赠人玫瑰，而手有余香。孩子更是要从小就养成传递爱的好习惯，让自己成为真正的爱的使者，从而让自己所生活的社会更温暖，所生活的世界真正充满爱与感动。

对于爱，很多人都存在误解，即认为只有接受爱的人才是真正幸福的。实际上，这种观念是错误的。和接受爱的人相比，传递爱的人是更幸福的。因为传递爱是付出，也是对爱的传承。爱，并没有一定的标准，有的时候，只需要轻轻地拍拍他人的肩膀，或者给他人一个温暖的拥抱，给他人一个理解的眼神，都能让他人感受到来自于你的爱。现代社会尽管人际关系越来越复杂，然而，爱依然是人与人之间永远的主旋律。需要注意的是，人并非生而就有爱心，也不是生而就具有爱人的能力。孩子一定要从小培养自己的责任心，也让自己养成宽容和善待他人的好习惯，才能够在爱的能量场中不断地成长和成熟起来。

“子欲养而亲不待”孝顺父母要及时

在中华民族的传统中，孝敬父母是美德，每个人做人最基本的品质，就是要孝敬父母，就是对父母尽心。这既是一份责任，也是不可推卸的义务，是每个人做人的根本。随着孩子渐渐长大，父母渐渐老去，每个孩子都要记得父母对自己的养育之恩，也要及时孝顺父母。现代社会，很多孩子都离开家，去大城市生活，对于他们而言，最大的梦想就是等到自己的经济条件好了，能够把父母接到身边来孝敬。为了在大城市打拼，赢得自己的立身之地，他们甚至几年都不回家一次。然而，父母的身体日渐衰老，根本等不起孩子。真正孝顺的孩子不会把孝敬父母的事情不断地推迟，因为他们知道孝顺父母不能等，不要等到“子欲养而亲不待”的时候再后悔，那就太晚了。

1999年的春节晚会上，一首《常回家看看》，唱遍了祖国的大江南北，尤其是在春节这种合家团圆的日子里唱出来，更是触动了无数人的心。每年春节，全国的人民都在迁徙，有的是远在异地的游子奔回家乡与父母团聚，有的是父母为了减少孩子奔波，从家乡背着大包小包奔向大城市，与孩子团圆。对于中国人而言，春节是有特殊意义的团圆节日。很多孩子误以为孝敬父母就是给父母更多的钱，或者是让自己出人头地，成为父母的骄傲。实际上，对于父母而言，他们并不奢求得到子女太多的回报，而只是想让子女有时间的时候常回家看看，陪着妈妈去菜市场买菜，陪着爸爸看会儿电视，或者下会儿象棋。幸福就在生活的点点滴滴之中，也在生活的微小细节里。真正的幸福不会惊天动地，不会轰轰烈烈，而是细致入微，细水长流。

也许有些孩子会说：我还很小，没有独立生活的能力，也不能赚钱，又要如何孝顺父母呢？孝顺父母不一定要给予父母什么，在小时候，孩子能够体谅父母的辛苦，听从父母的教诲，也努力地让自己做得更好，达到父母的期望，这就是最大的孝顺。有的时候，孩子也可以为父母做一些力所能及的事情，诸如年幼的孩子可以给父母捶捶背，帮助妈妈择菜，稍微大一点儿的孩子可以在父母工作忙碌的时候做好饭菜，等待父母回家，这些都会让父母的内心感到非常温暖，也能够让父母感受到孩子浓浓的孝心。记住，百善孝为先，不要觉得自己小就不用孝顺父母，孝顺父母在于心，而不在于给父母多少金钱和物质。当孩子以最浓厚的爱温暖父母的心灵，父母自然会备感欣慰，也会为自己拥有这样听话懂事的好孩子而感到骄傲和自豪。

怀有感恩之心，让生活充满美好

很久以前，在一家不起眼的小饭馆中，老板做的牛肉面受到很多食客的欢迎。为此，每到中午的就餐高峰，小店里总是挤满了人，每一位食客都专心致志地把热气腾腾的牛肉面吃到肚子里，感受牛肉鲜美的滋味，也感受老板一碗面的用心。有一天中午，午餐时间过了，食客渐少，老板才稍微松了一口气，正准备拿起茶杯开始喝水，却走进来一对祖孙。这对祖孙是一个老奶奶带着年幼的孙子，看起来，老奶奶已经很老了，而且衣衫褴褛，应该没有多少钱。才刚刚走入饭馆的门，奶奶就心虚地问老板："老板，牛肉面多少钱一碗？"老板回答："十二块钱一碗。"老奶奶小心翼翼地说："那就来一碗吧。"

很快，牛肉面就端上来了，还有赠送的小菜。孙子看起来很饿，看到牛肉面不由得两眼冒光。老奶奶说："快吃吧，香着呢！"孙子不停地咽口水，问奶奶："奶奶，你真的已经在家里吃饱了吗？"奶奶点点头，夹起一块小菜在嘴巴里咀嚼着，告诉孙子："我在家里吃了一大碗汤泡饭呢！"孙子这才放心，马上就风卷残云般地把眼前的那碗面吃得干干净净，连汤都喝完了。

老板看到小男孩贪婪的吃相，知道这祖孙俩一定很穷，因而走到他们面前说："老奶奶，您运气真好，我们店里规定每天的第一百位客人免单，您正好是第一百位，这碗面的钱还是还给您，欢迎您下次光临。"孙子高兴得马上欢呼雀跃起来，老奶奶沧桑的脸上也露出笑容。大概一个月后，老板一早上开门就发现小男孩正蹲在饭馆对面的街道上，看着饭馆的门。老板不知所以，问小男孩："你怎么自己一个人，奶奶呢？"小男孩说："奶奶生病了，躺在床上，我想为奶奶买一碗牛肉面，但是没有钱。我在数数呢，我会第一百个进去，这样就可以请奶奶吃一碗香喷喷的牛肉面了。"老板的眼眶不由得红了，对男孩说："孩子，你先去饭馆里面坐着，不用数了，等到第九十九个客人来了之后，我就告诉你，你就赶紧回家喊奶奶，我把面做好等着你们，好吗？”男孩对老板千恩万谢。一个上午过去，才来了三四十个客人，男孩等得趴在桌子上睡着了。老板叫醒男孩，说：“孩子，快回去喊奶奶吧，搀扶着奶奶啊，我现在就去给你做面。”男孩高兴极了。

很快，男孩搀扶着奶奶来了，老板给奶奶做了一大碗面，而且放了双份的牛肉。奶奶看着这一大碗面，想让男孩吃，男孩和奶奶之前一样，夹起一块小菜放到自己的嘴巴里，津津有味地咂吧着，还告诉奶奶：“奶奶，我已经吃饱了。刚才回家找你的时候，我在路上吃了两个牛肉烧饼呢！今天，奶奶就让我请客吧，我想看着奶奶吃牛肉面。”奶奶含着眼泪，开始吃这碗牛肉面，男孩看着奶奶，趁着奶奶不注意的时候就吞咽口水。老板娘对老板说：“给男孩也送一碗牛肉面吧，孩子真好，懂得孝顺奶奶。”老板说：“不用，他正在感受不吃饭也会饱呢！”牛肉面很热乎，奶奶吃得大汗淋漓，原本因为感冒而鼻塞，现在也通气了。奶奶问男孩：“乖孙子，你也吃一点，好吗？”男孩拍着自己的肚子，告诉奶奶：“奶奶，我真的饱了，你看看我的肚子就像小西瓜。”其实，男孩是深深地吸了一口气，才让自己的肚子挺起来的。

在这个事例中，男孩感受到奶奶的爱，也很感激奶奶对自己的照顾。所以，他才会回馈奶奶，在看到奶奶生病之后，赶紧去饭馆门口守着，想要请奶奶也吃一碗热气蒸腾的牛肉面。虽然老板娘很想送一碗牛肉面给男孩，但是老板知道，男孩要学会有情饮水饱，要懂得看着最爱的人吃饱饭就是幸福的道理，所以老板没有多送一碗牛肉面给男孩。光阴荏苒，不管男孩长到多大，一定都会记得自己在奶奶的注视下幸福地吃面，也会记得要把自己最喜欢吃的东西奉献给最爱的奶奶。

一个人如果没有感恩之心，对于人生总是满怀抱怨，即使拥有再多，也常常觉得不满足，他就不可能拥有幸福快乐的人生。感恩之心，是获得幸福美好人生的先决条件，也是一个人在生活中感恩和知足的必要条件。我们要感恩阳光，阳光给予我们温暖，为生命提供能量；我们要感恩朋友，朋友能陪伴我们度过漫长的人生，即使在我们遭遇坎坷挫折的时候，也依然与我们相依相伴，不离不弃；我们要感恩父母，是父母给了我们生命，负责照顾我们，帮助我们成长；我们要感恩爱人，是爱人的信任和托付，也是爱人坚持的守护，才给了我们一个幸福安稳的家。生命之中，值得我们感恩的事情有很多，唯有怀着一颗感恩之心，敏感地对待这个世界，我们才能知足常乐，我们的生活才会更加美好幸福。

感恩还能创造生命的奇迹，因为是否拥有感恩之心，常常会影响人们对待人生的态度。怀有感恩之心的人感恩这个世界，对于生活中的人与事情更加宽容，也不会随随便便就指责他人，或者怨恨憎恶他人。相比之下，那些对于生活缺乏感恩之心的人，虽然得到很多，拥有很多，却总是对于命运不满，甚至对于人生充满暴戾之气。人的情绪固然会给身边的人带来负面影响，而实际上，更多地是影响自己。不知感恩的人往往拥有恶劣的心境，因为他们常常出于各种各样的原因处于愤怒之中，根本无法成功地把握命运，掌控人生。前段时间有一句话在网络上特别流行，既然哭着也是一天，笑着也是一天，为何不笑着度过人生的每一天呢？的确如此，如果外界不能改变，我们就只能改变自己，适应外界；如果结果不能改变，我们与其在结果中与他人较真，不如尽量调整好自己的心情，从而让自己拥有好心态，也拥有积极的人生。

古往今来，有很多伟大的人物都懂得感恩。例如，美国前总统罗斯福，就怀着一颗感恩之心。有一次，罗斯福家里遭到盗贼光顾，导致家里被翻得乱七八糟，还失去了很多重要的东西。朋友听说罗斯福这么倒霉，赶紧写信来安慰罗斯福。不想，罗斯福给朋友的回信中却这样写道："亲爱的朋友，感谢你还惦记我。不过我很好，请你放心。首先，盗窃偷取了家里的东西，尽管有些东西很贵重，但是都比不上生命重要，所以我很庆幸盗贼没有伤害我的性命。其次，盗贼尽管偷走了大部分东西，但是还给我留下一小部分东西，这些东西可以支撑我过正常的生活，也给我时间再添置生活的必需品。最后，感谢上帝，当盗贼的是他，而不是我，这是生命对于我的善待。"接到罗斯福的信，朋友不由得哈哈大笑起来。的确，对于很多人而言，如果遇到被盗贼光顾这样倒霉的事情，一定会歇斯底里，咒骂声不断。但是罗斯福在遭遇这样的经历后依然能够心怀感恩，所以他才能以积极的心态面对生活，也坦然面对命运的一切磨难。

我们每个人不但要感恩命运的赐予，感恩生命中拥有的一切，更要努力地在生命的历程中，感恩曾经的坎坷磨难。唯有不断地努力进步，生命才能更加勃然绽放。正是那些坎坷挫折和辛苦磨难，才成就了今天的我们，也让我们感受到生命的力量。

博爱的心，才能做出宽容之举

为了帮助非洲贫困儿童，联合国前任秘书长安南一直在奔走呼号，希望全世界那些有钱的人都能够贡献出自己的一份力量，从而给予非洲儿童力所能及的帮助。2007年，为了会集更多的富人，筹集到更多的善款，安南还在得克萨斯州举行了一场庄园晚宴。可想而知，作为联合国前任秘书长，安南的号召力和影响力都是不容小觑的，到场的都是世界上有头有脸的人物，非富即贵。到了约定的时间，宴会即将开始，与会者陆陆续续开始入场。门口的保安突然发现有一对祖孙看起来与宴会的层次格格不入，也要求进入会场。保安当即把这对祖孙拦住，原来，这对祖孙也是来捐款的。在几经努力和争取都无法进入会场之后，孙女露西只好退而求其次，请求保安把她的存钱罐交给宴会的组织者，因为她也想为非洲贫困儿童贡献自己的一份力量。对于保安的阻拦和拒绝，露西说："慈善的不是钱，而是心。"

巴菲特先生恰巧看到这一幕，他被小女孩的纯真、善良和无所保留深深地感动了。在募捐仪式上，尽管很多名流巨贾都捐献出很多钱，但是整场宴会上最出名的是露西。露西捐献了三十美元零二十五分给非洲儿童，虽然和其他巨富动辄几百元万美元的捐款相比，这个数字是不值一提的，但是露西成为整场宴会中的明星。因为露西捐献的是自己所有钱，这些钱是她花费很长时间才努力积攒下来的。当场，宴会组织者就把宴会的主体标语改成"慈善的不是钱，而是心"，次日各大媒体也争相报道露西的这句话。在露西的号召下，越来越多的普通民众深刻意识到慈善的含义，也都慷慨解囊，竭尽所能地帮助非洲儿童。

在这个事例中，露西的话揭示了慈善的真谛。一个人在有经济实力的情况下，当然可以把更多的钱捐献给需要的人，也帮助更多的人。一个人如果能力有限，却依然愿意拼尽全力帮助其他人，那么，也许他所贡献的绝对价值没有那么多，但是他所付出的是自己能够付出的一切，这样的一份心意是沉甸甸的。

我们没有必要因为自身的能力有限，就觉得自己无法承担起慈善的重任。实际上，只要有心，只要竭尽全力，我们依然可以做出伟大的善举。正如人们常说的，有钱的出钱，没钱的出力。对于孩子们而言，要想做好事，未必要以金钱作为衡量，而是可以改变方式，例如，做力所能及的事情，或者付出更多的力量，甚至是给予他人默默的关怀和照顾，这些都是无形的帮助。在这个世界上，尤其是在经济发展迅猛的现代社会，虽然没有钱是万万不能的，但是金钱也不是万能的，更不能以金钱来衡量一个人的付出，判断一个人的心灵是否高贵。对于贫穷的人而言，为了帮助他人而倾尽所有，这比富人拿出九牛一毛来帮助他人，更加真诚和可贵。所以孩子们不要觉得做好事就一定要以钱的多少作为唯一的衡量标准，即使什么都没有，也可以以自己的方式帮助他人，给予他人更多的关心、支持和帮助。

如今，很多孩子的思想意识越来越高，他们不但心中有小我，有小家，也越来越拥有大家的意识和观念。在这种情况下，孩子们一定要端正行善的观念和态度，也要选取合适的方式行善，而不要总是以物质和金钱捆绑自己，导致自己在行善的时候背负过于沉重的负担。真正的贫穷是来自心灵上的贫困，真正的爱是源于内心的大爱，是不求任何回报的无私之爱。每个人唯有坚定不移地相信自己，也给予自己真正的心灵触动，才能让自己心怀大爱，也能够从容坦然地面对一切。孩子们作为祖国的花朵，作为国家和民族的希望，作为每个家庭的继承者和传承人，一定要提升心灵的高度，让自己拥有高贵的灵魂。否则，哪怕拥有再多的物质和大量的金钱，当孩子心灵贫瘠的时候，他们就会陷入困境，无法面对人生的风雨泥泞和坎坷挫折。所谓得道多助，失道寡助，当孩子们养成乐于助人、慷慨帮助他人的好习惯，他们自然也会更加快速地成长，从而拥有属于自己的精彩而又充实的人生。

分享，让快乐加倍

很久以前，有一位犹太教长老特别喜欢高尔夫运动，每当有了闲暇时间，就会约着家人或者朋友一起打高尔夫。犹太教规定信徒们在休息日什么都不能做，只能在家休息，但是犹太教长老特别想打高尔夫，简直坐立不安、心神不宁，只想马上就打高尔夫。为此，他决定违反犹太教的规定，偷偷地去打高尔夫，也让自己过一过高尔夫的瘾。他安慰自己：不会有人知道的，一定很安全。

到了高尔夫球场，犹太教长老发现整个球场空空荡荡的，连个人影都看不到。为此，他高兴地开始打球，决定打九洞就回家休息，过休息日。不想，他才打第二洞，天使就看到他的行为，而且气愤地去找上帝告状，让上帝惩罚他。上帝答应了天使的请求，因而让长老在接下来的第三洞、第四洞……直到第九洞，都一杆进球。天使看到长老得意忘形的样子，又找到上帝。天使生气地问上帝："您不是答应我要惩罚长老吗，为何他打球这么顺利，总是一杆进洞呢？"上帝对于天使的质疑毫不惊慌，而是笑着说："我的确在惩罚他啊，你不要着急，继续往下看。"天使不知所以，看到上帝说得言之凿凿，只好再回到球场上观察长老的表现。打完九洞之后，长老自我感觉非常好，早就把自己刚才所说的打九洞就回家休息的事情忘记到脑后了。不知不觉间，他又打了九洞，而且这次九洞全都是一杆进球。长老一开始还很高兴，为自己高超的球技而沾沾自喜，但是渐渐地他的面色越来越凝重，变得愁眉苦脸。天使问上帝："您到底是如何惩罚他的呢？他明明一杆进球是很高兴的，为何现在却开始忧伤起来呢？"上帝哈哈大笑起来，说："如果你有了得意的事情，或者取得了优秀的成就，却不能对别人说，你会觉得开心吗？”天使恍然大悟。

这就是分享的魅力。很多人不但愿意与人分担痛苦，而且愿意和人分享快乐。当自己做出了杰出的成就，却不能与任何人说的时候，这种痛苦就是如鲠在喉，是让人非常难受的。上帝正是剥夺了长老与人分享好消息和快乐的权利，才惩罚了长老在休息日偷偷打高尔夫的行为。

如今的孩子越来越不懂得分享，这并不是因为他们天生就很自私，而是因为在成长的过程中，他们习惯于接受父母无微不至的爱和长辈细致入微的照顾，所以渐渐地，他们的习惯也就变成了索取，而丝毫不懂得付出。如果说前些年孩子们在一起还是很容易相处，也能够在最短的时间内打成一片的，那么现在由于缺乏分享的意识和好习惯，都是独生子女、习惯独霸一切资源的孩子们在一起，则很容易产生各种各样的矛盾，也会导致彼此的关系非常紧张，剑拔弩张。

孩子们为何不懂得分享呢？不是孩子生性自私，而是现代社会大多数孩子都是独生子女，从小就得到父母和长辈所有的爱，在家庭生活中更是占有所有资源，为此他们已经形成了独来独往的习惯，甚至不愿意回报父母。可想而知，这样的孩子如何能与他人相处好呢？有人说，一份痛苦，如果有人分担，就会变成半份痛苦，而一份快乐如果有人分享，就会变成双倍的快乐。既然如此，我们当然要学会与人分享，这样才能把痛苦减半，而把快乐翻倍。

分享是一种美德，更能给人们带来莫大的快乐。所谓赠人玫瑰，手有余香，和付出相比，分享还有一个好处，那就是可以和别人一起拥有和感受快乐。现实生活中，可以分享的东西很多，所以孩子们也不要觉得自己拥有的太少，没有办法分享。只要拥有分享的意识，形成分享的好习惯，就总是能够找到值得分享的一切。例如，我们可以和其他小伙伴分享美味的食物，独食美食并不能增加美食的滋味，而哪怕是味道普通的饭菜，如果有人一起分享，也会瞬间增味不少。思想也是可以分享的，当我们把自己的想法告诉其他人，也从其他人那里得到经验，那么我们和他人就一起拥有真知灼见，也更加感受到分享带来的妙处。

尽管每个人都是这个世界上独一无二的生命个体，每个人也都是社会的一员，但人与人之间总是需要分享的，分享使人际关系更加亲密无间，也让原本疏远的人心变得更加亲密。当孩子们习惯于分享，他们不但有付出，也会有更多的收获，何乐而不为呢？学会分享，是获得人生快乐与幸福的秘诀，你掌握了吗？最重要的是分享爱，这样，爱就能充满人间，也让每个人都感受到爱带来的温暖和力量，更加满怀信心地接纳生活。

参考文献

[1] 韩佳宸. 做个好性格的男孩[M]. 北京：北京理工大学出版社，2017.

[2] 王焕斌. 有出息的孩子要克服的人性弱点[M]. 北京：中国纺织出版社，2015.

[3] 金岩.做个有志气的男孩[M].北京：中国纺织出版社，2016.